究極の医療
『メディカル・ヒーリング』

現役医師が教える
西洋医学×スピリチュアル

スピリチュアル・ドクター
Dr.ミナム著

Clover
クローバー出版

はじめに

ここ数年、新型コロナウイルス感染症拡大の影響を受け、これまで以上に、自分自身や家族の健康により気遣うようになった、という人も多いことでしょう。

食生活や睡眠時間を気遣ったり、身体に良いとされるサプリメントや健康食品を摂取してみたり……それ自体は、健康にとって決して悪いものではありませんが、気持ちの持ち方ひとつで、こうした「健康のため」にしていることが、実は、病気を引き起こすことにつながることを、みなさんはご存じでしょうか？　そんな馬鹿なことがあるものか！　と言われるかもしれませんが、これは事実なのです。

最近、テレビや雑誌、インターネットで「免疫力」というワードが取り上げられたり、お店に行けば「身体の中から元気に」というキャッチコピーの健康食品なども目にしたりする機会が多いかと思いますが、この「免疫力」にも、その原因はあります。

病気を防ぎ、病気を回復させるためには欠かすことのできない力である「免疫力」は、その人の感情や思考によって大きく左右されます。不安や恐怖、怒りなどのネガティブな感情を強く持っていると、この「免疫力」はうまく機能することができないのです。

みなさんが「健康のため」と思ってやっていることでも、その心の根底にある「病気が怖いから」「ウイルスに感染したくないから」という不安や恐怖、怒りなどのネガティブな感情があれば、健康維持に期待ができるからといくら高額なサプリメントや健康食品を摂取しても、意味がないばかりか、病気になるためにやっていると言っても過言ではありません。

「免疫力」が心の持ちようによって、その力が左右されてしまうことは医学的にわかっていて、病気を予防したり、病気を治したりするためには、身体と心の両方を良くしていかなければならないのです。

しかし、残念ながら、一般的に「医学的」と言われる現代医学である近代西洋医学では、身体にある病気に対処することはできても、心の部分まで良くすることはできません。治療を受けて、一時的に治ったように見えてもそれが再発してしまうのは、この心の問題が解決していないからです。病気の原因を追究し、それを根本から治療していくためには、身体と心の両方を治していかなければなりませんが、近代西洋医学でそうした治療を行うことはなかなかできません。

『メディカル・ヒーリング』とは、身体と心の両方を治療していく療法です。近代西洋医学発祥の地である欧米諸国では、現代医学と併せて「代替医療」を用いた治療が一般的で、現代医学だけを重視している日本の医療は、こうした国々から随分遅れているのです。

もちろん、私は近代西洋医学を否定しているのではありません。私自身、医師免許を持つ現役の医師として、長年にわたって医療の現場に携わってきました。これまで先進医療と言われる超音波やレーシックなどのレーザー治療法もいち早く取り入れ、ここ最近では、免疫力を上げるために効果のある、幹細胞を用いた再生医療を治療の中に取り入れるなど、近代西洋医学の素晴らしさを感じながらも、その経験や知識から、近代西洋医学だけでは人を救うことはできない、と確信したのです。

本書では、人はなぜ病気になるのか、病気を治すためにはどうすればよいのかということや、『メディカル・ヒーリング』とは何か、そして、人が自分らしく、その人生をより良く生きていくためには何が必要なのか、ということをお話ししていきたいと思います。

本書が、みなさんの心を癒し、より良い人生のためのヒントとなりますように。

2023年7月　Dr. ミナム

目次

究極の医療
『メディカル・ヒーリング』

目次

第四章 人の使命とその目醒め

第五章 地球のアセンションはすでに始まっている

第一章

病気と『メディカル・ヒーリング』

「病は気から」〜不安や恐怖が人を病気にしてしまう〜

「病は気から」とは「病気は、気持ちひとつで、良くも悪くもなる」という意味の慣用句です。心配事や不愉快なことがあると、人は病気に罹りやすくなったり、病が重くなったりするもので、気持ちを明るく持ち、余計な心配をしない方が病気に罹りにくく、病気が治りやすいことがある……というのが、この言葉の意味するところです。要は、心の持ちようひとつで、病気になったり、治ったりすることはあるものなのです。

「心の持ちようひとつで、病気が良くなったり、悪くなったりするのであれば、医者などいらない！」と思う人もいるかもしれません。しかし、現役の医師である私から見ても、病気になったとしても、毎日を楽しく明るく過ごしていれば病気は良くなり、いつも病気に対してクヨクヨと考えたり、心配ばかりしていると病気が重くなったりすることは実際にあります。

ために施術を行いますが、これに対して西洋医学は、身体の悪い部分に直接アプローチし、投薬や手術といった方法で原因を取り除く治療がメインとなります。

現代医学である近代西洋医学は万能で、すべての病気を治すことができる……と考えている人もいるかもしれませんが、女性に多い冷え性や生理痛などは、近代西洋医学では治しにくく、漢方などの東洋医学の方が症状を改善しやすい、ということもあります。

つまり、どの医学も万能ではなく、それぞれにメリット・デメリットがあるということ。私は大学で現代医学を学び、これまでの体験や経験を通じて、現代医学である近代西洋医学だけでは、人の病を治しきることはできないのではないか、そして、近代西洋医学をベースとして、様々な療法を組み合わせて人を診ていくことで、それぞれの療法が持つメリットを最大限に活かして、デメリットをカバーできるのではないか、と考えるようになったのです。そのことは、私が２０１１年に出した2冊の自著からも、おわかりいただけるかと思います。

例えば、イギリス王室では、昔から、その主治医はホメオパスでなければなることができません。もちろん、前女王である故エリザベス２世の主治医の一人もホメオパスで、新国王のチャールズ３世も皇太子時代からホメオパシーの賛同者であることが知られています。故エリザベス女王を担当し、２０１８年に交通事故で亡くなったピーター・フィッシャー氏もホメオパシーの世界的権威として著名な医師でした。日本では否定的な意見もあるホメオパシーですが、イギリスでは１８０年以上の歴史があり、古くからイギリス王室御用達の健康法として、また古くから代替医療として認知されているものです。

このほか、日本の漢方医学にも影響を与えた中国医学やインドのアーユルヴェーダのように、世界各国では、それぞれの国に現代医学が発達する

1. 天然物（Natural Products）

ハーブ（ボタニカル）、ビタミン・ミネラル、プロバイオテクスなど

2. 心身療法（Mind and Body Practices）

ヨガ、カイロプラクティック、整骨療法、瞑想、マッサージ療法、鍼灸、リラクゼーション、太極拳、気功、ヒーリングタッチ、睡眠療法、運動療法など

3. その他の補完療法（Other Complementary Health Approaches）

心霊治療家、アーユルヴェーダ医学、伝統的中国医学、ホメオパシー、自然療法など

（厚生労働省『「統合医療」に係る情報発信等推進事業』より）

前に存在していた医学体系があり、これらも代替医療として、広く世界で認められています。世界の医療界では、近代西洋医学と伝統的医学を組み合わせた医療への取り組みが早くから行われていました。

アメリカの国立補完統合衛生センターでは、ヨガやカイロプラクティック、整骨療法や瞑想、ヒーリングタッチなどの心身療法や、心霊治療家やアーユルヴェーダ医学、ホメオパシーなどの補完医療が代替医療として考えられています。

日本でもこうした取り組みは始まっていて、これは「統合医療」と呼ばれています。厚生労働省では「統合医療」を『近代西洋医学を前提として、これに相補（補完）・代替療法や伝統医学等を組み合わせて更にＱＯＬ（Quality of Life：生活の質）を向上させる医療であり、医師主導で行うものであって、場合により多職種が協働して行うもの』と位置付けています。

わかりやすく説明すると、みなさんがいつも、ケガをしたり病気に罹ったりした時に行く内科や外科、整形外科をはじめとした、いわゆる「病院」は、近代西洋医学の場合がほとんどです。ここに、カイロプラクティックや整骨療法、マッサージ療法、鍼灸を組み合わせるのが「統合医療」の一つのスタイルです。

腰痛や肩こり、あるいは、交通事故のケガの治療の際などに行ったことがある人は多いのではないでしょうか。交通事故の際に多いむち打ち症の治療に対して、病院で治療を受けて「治りました」と言われても、痛みがとれない。そこで、カイロプラクティックやマッサージ、鍼などの診療所に通う……これが「統合医療」ということです。これまでは、一般的に通常医療として見なされなかった様々な医学や施術を取り入れることで、心身の病気を予防・診断・改善・治療していこうとする動きが、日本でもようやく本格化し始めたのです。

統合医療の役割

近代西洋医学

組合せ（補完・一部代替）

治療の分類	療法の例	
	国家資格等、国の制度に組み込まれているもの	その他
食や経口接種に関するもの	食事療法・サプリメントの一部（特別用途食品（特定保健用食品含む）、栄養機能食品）	左記以外の食事療法・サプリメント・断食療法・ホメオパシー
身体への物理的刺激を伴うもの	はり・きゅう（はり師・きゅう師）	温熱療法、磁器療法
手技的行為を伴うもの	マッサージの一部（あん摩マッサージ指圧師）、骨つぎ・接骨（柔道整復師）	左記以外のマッサージ、整体、カイロプラクティック
感覚を通じて行うもの	–	アロマテラピー、音楽療法
環境を利用するもの	–	温泉療法、森林セラピー
身体の動作を伴うもの	–	ヨガ、気功
動物や植物との関わりを利用するもの	–	アニマルセラピー、園芸療法
伝統医学、民間療法	漢方医学の一部（薬事承認されている漢方薬）	左記以外の漢方医学、中国伝統医学、アーユルベーダ

（注）日本学術会議（平成22年8月24日）において、「ホメオパシーの治療効果は科学的に明確に否定されている」との会長談話が出されている。

総合医療

『これまでの議論の整理　2013年（平成25）年2月「統合医療」のあり方に関する検討会』より

しかし、こうした「統合医療」への動きも、他の医療先進国に比べると、日本においてはかなり遅れていると言わざるを得ません。このように、日本国内で「統合医療」が遅れてしまっている原因の一つは、その情報量が少ないことだと私は考えます。これは、ほとんどの日本人は、日本国内での情報のみを知るだけとなっているのですが、その情報がかなり偏った、遅れたものであるのです。日本国内においても、正しい情報がより多く発信され、それぞれの人に合った効果的な治療法を指示できる医療機関が増えることが望まれます。

最先端医療である再生医療とは

『メディカル・ヒーリング』のことを詳しくお話しする前に、今話題の幹細胞を用いた再生医療について、まずは述べていきたいと思います。

２０２２年初頭から、新型コロナウイルス感染症やロシアによるウクライナ侵攻などの話題だけでなく、再生医療に関するニュースがしばしば取り上げられていることを、みなさんご存じでしょうか。

２０２２年１月に、慶應義塾大学病院で世界初となる脊髄損傷の患者へのｉＰＳ細胞を用いた再生医療が行われたことが発表されましたし、２０２１年９月から、持病の神経疾患治療のために無期限活動休止をしていたＧＡＣＫＴさんが、２０２２年５月に幹細胞を用いた再生医療による治療を行っていたと報道されました。ＧＡＣＫＴさんのように、これまでの対症療法では、なかなか改善することができなかった病気などに対しても用いられる最先端医療、それが再生医療なのです。

再生医療とは、うまく機能しなくなった臓器や生体組織の再生を図るもので、これまで治療法がなかった病気やケガに対する、身体への負担が少ない対症医療として注目を集めています。

再生医療に使われる幹細胞とは、簡単に言えば、身体を構成する臓器などの細胞のもとになるものです。私たちの身体の中には、皮膚や血液のように、一つひとつの細胞の寿命が短いものがあり、こうした細胞を補うために、絶えず新しい細胞を作り出して、身体を構成する組織を保つようにできています。この失われた細胞を再び生み出して、補充する能力を持つ細胞が身体の中にありますが、こうした能力を持つ細胞が「幹細胞」と呼ばれるものです。幹細胞には、皮膚や赤血球、血小板など様々な細胞を作り出す能力と、全く同じ力を持った細胞を分裂する能力、この２つが不可欠です。

この2つの能力に着目し、再生医療では、患者本人や他の人の脂肪や骨髄などから採取したものを、用途に応じて培養した幹細胞を使用します。一方、人工的に作り出したヒト人工多能性幹細胞というのが、iPS細胞と呼ばれるものです。ただし、このiPS細胞は人工的に作製されたものであるため、難病治療などに活用されますが、癌になる可能性もあります。対して、人間の骨髄、脂肪、胎盤などから採取できる幹細胞を培養したものは、副作用が少なく、身体への負担を軽減することができます。

また、他の人から採取した、健康で若い幹細胞を培養したものを直接体内へと注入する方法は、とても高い効果が認められています。そのため、ここ最近では、世界のセレブリティと呼ばれている富裕層の人々の多くが、この方法によって、アンチエイジングなどを目的とした再生治療を受けているという現状があります。いずれの方法でも、幹細胞を用いた再生医療は、これまでの治療より身体への負担が少ないのが特徴の一つです。

人の身体にはケガや病気によって壊れた部分を修復する力が備わってい

ますが、機能が損なわれてしまうと、二度と元の健康的な状態に戻ることができない臓器などがあります。「再生医療」とは、身体の中に細胞や組織を補充することで、機能不全となった臓器などの機能回復を図るものです。つまり、働かなくなった臓器などに元気な細胞を入れてやることで、この細胞が増殖し、元の健康な状態に復活させていこう、というわけです。

例えば「沈黙の臓器」といわれる肝臓は、病気が進行していても症状が現れにくく、気づいた時には治癒が難しい状態になっていることも少なくありません。肝臓には、身体に必要なタンパク質の合成と栄養の貯蔵、有害物質の解毒・分解、そして、食べ物の消化に必要な胆汁合成と分泌という働きがあります。肝臓は身体に必要な栄養を作り出し、有害物質を取り除いてくれる臓器となるため、ここが機能不全となってしまうと、人は健康な状態を維持していくことが難しくなってしまいます。

しかし、病気の進行に気づかないままでいると、機能不全になった場合は臓器移植するほか、これまでの医療では治療の方法はありませんでした。現代病の一つにも挙げられる糖尿病は、ホルモンの働きが悪くなって発症しますが、悪化すると投薬だけでなく、インスリン注射をしなければならなくなりますし、心筋梗塞や脳卒中などの発症リスクも高くなります。こうした病気に対して、機能しなくなった臓器を再生させるための医療として期待されているのが再生医療なのです。

また、事故などによる脊髄損傷や椎間板ヘルニアの患者の治療のように、神経細胞を再生させることで手足の麻痺などを回復させるほか、皮膚や内臓の結合組織や血管に炎症や変性を起こし、様々な臓器の病気へとつながる膠原病や、突然変異した細胞によって発症する癌などに対しても、再生医療による治療が期待されています。

健康と若さを保つ「免疫力」とは？

ここ最近「免疫力」という言葉を聞いたり、見たりする機会が増えた、という人も多いのではないでしょうか。そのきっかけとなったのは新型コロナウイルスであることは言うまでもありませんが、これまでも春先の花粉症、寒くなり始める頃のインフルエンザや風邪のシーズンには「元気な毎日をサポート」などを謳い文句とした機能性表示食品やサプリ等が出回り、テレビなどでも免疫力を向上させる食べ物といったトピックが取り上げられてはいました。漢方薬なども免疫力を向上させるものが市販されていますから、昔から免疫力は健康を維持するためには欠かすことができないものである、と認識していた人も少なくはないでしょう。

人の身体というのは、元来、常に健康な状態を保てるようにできていますが、それに大きく貢献しているのが「免疫力」と呼ばれるものです。

この免疫力とは、体の外から入ってきたウイルスや細菌などの病原体などから体を守ってくれる仕組みのことです。私たちの身の回りには、数々のウイルスや細菌などが存在します。もちろん、体にとって悪い影響を及ぼすものばかりではありませんが、インフルエンザや風邪、そして、今回パンデミックを引き起こしている新型コロナウイルスのように体内に侵入し、病気を発症させるものも多くあります。こうした体の中に侵入してきた病原体を異物と捉え、その異物に対して攻撃をしかけて、ウイルスや細菌などから体を守ってくれるのが「免疫力」なのです。

また免疫力は外からの侵入だけでなく、体の中で作り出される病気に対しても、それを抑制する効果があります。

厚生労働省が行った調査によると、日本人の主な死因別に見た死亡率の第1位は『悪性腫瘍』で、全体のおよそ3割を占めています（厚生労働省

「令和元年（２０１９年）人口動態統計月報年計（概数）の概況」より）。日本で毎年亡くなる人の10人のうち約３人は癌で亡くなっている、ということです。

それほど多い癌という病気ですが、人の身体の中では、毎日数百個の癌細胞が作り出されています。たいていは身体を守る免疫力のシステムによって、こうした癌細胞は増殖することなく、ほとんどが死滅するため、多くの人は癌が発症することはありません。

しかし、なんらかの原因で「免疫力」が下がってくると、こうした癌細胞の増殖力が強くなり、癌が発症するのです。癌細胞は、通常１～２年で発症することはなく、５～10年ほどをかけて少しずつ大きくなり、この間に悪性腫瘍へと成長していきます。この下がってしまった免疫力を向上させるために幹細胞を用いた再生医療を施すと、免疫力が向上し、癌発生のリスクを下げることができるのです。

これは癌細胞だけでなく、他の病気も同じです。なんらかの原因で免疫力が低下したり、あるいは、免疫が正常に機能しなくなる「免疫不全」になったりすると、身体が病気に対する防御力を失います。たとえれば、プロボクサーがノーガードで相手から打たれ続けるようなもので、防御力をなくした身体は病気に罹りやすくなるだけでなく、病気が重くなったり、合併症などにより重篤化したりするようになるのです。

幹細胞を用いた再生医療による治療は、病気や老化などによって低下した免疫力を向上させる効果が期待されています。

「免疫力」は、15歳前後でその仕組みが完成し、20代をピークに年齢とともに低下していきます。もちろん個人差はありますが、「年齢とともに風邪をひきやすくなった」「30歳を過ぎたら、疲れやすくなった」「40歳を過ぎたら、太りやすくなった」「50歳を過ぎたら、急にシワが増えて、肌のハリもなくなってきた」などといった症状も、免疫力が関係しています。

「免疫力」は、病気などから身体を守ってくれるというほか、身体を若い状態に保とうとする力も持っています。加齢とともに、肌の潤いやツヤがなくなってくるのは、免疫力が低下してくることにも関係しています。免疫力とは、いつまでも若々しい状態を保つための力も兼ね備えているものなのです。

健康で、いつまでも若々しい身体を維持するためには免疫力を向上させていくことが必要ですが、こうした免疫力向上にも、幹細胞による再生医療が効果的です。低下した免疫力を再生医療によって、若い状態の免疫力に戻すことができるため、病気を予防するだけでなく、身体の中のアンチエイジングも可能なのです。日本では、65歳以上の高齢者の認知症有病率は17.6%で、6人に1人が認知症有病者で、この割合は今後ますます増加していきます（厚生労働省「国民生活基礎調査（令和元年）」より）。こうした認知症の治療に対しても、再生医療が有効的です。

再生医療は「免疫力」を向上させることで、自分の身体を若返らせ、病気治療や予防が可能となるのです。

しかし、その免疫力が現代社会の中で低下してきている、と言われています。低下の原因として挙げられるのは、睡眠不足や偏食、運動不足、そしてストレスなどです。

日本人の睡眠時間は世界の中で最も短いと言われていますが、近年、その時間はますます短くなっています。

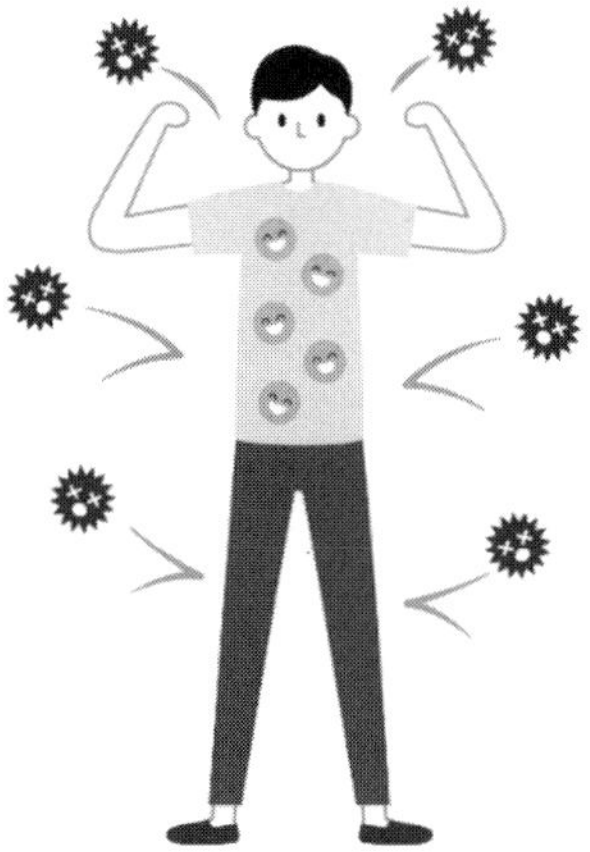

コラム

エクソソーム（幹細胞上清液）

「エクソソーム」というものをご存じの人もいるのではないでしょうか。最近、人々の関心も高く、私もよく質問を受ける話題の一つです。

この「エクソソーム」とは、幹細胞を培養した際にできる上澄み液のことで、幹細胞を用いた再生医療の施術に比べると、費用もそれほど高額ではなく、これを注射することで、手軽に再生医療を試すことができる治療法として注目を集めているものです。

「エクソソーム」の効果としては、血管や神経細胞の再生、活性酸素の除去など、弱っている身体の多くの部分を修復する作用があります。

そのため、肉体的に病気を持っている人だけでなく、不眠や不安を感じている人や自律神経に問題を抱えている人にも効果が期待されています。実際に、何度か「幹細胞上清液」を注射した人に施術後の感想を聞いてみると「不安がなくなった」「夜、ぐっすり眠れるようになっ

――た」など、その効果を感じるコメントも多く寄せられています。――

　人は、睡眠不足になると太りやすくなり、高血圧や糖尿病、そして心血管疾患を引き起こしやすくなります。これは、睡眠不足によって、免疫力が低下することと関わりがありますが、運動不足なども太りやすくなるだけでなく、血液の循環が悪くなるために体温が下がり、これも免疫力の低下につながります。これまでも、仕事などで座ったままの姿勢でいることが多い人は、運動不足になりやすい傾向にありましたが、最近のコロナ禍によるリモートワークなどはこの傾向に拍車をかけることになりました。ただ、こうした睡眠不足や運動不足については、その原因を解消することができますが、ストレスについては、なかなか解消することが難しく、特に以前のコロナ禍では、日々の暮らしの中で常に不安を抱えながら過ごしている人も少なくはありません。

病気にならないためには、免疫力を上げ、病気にならない身体を作っていくことが重要なことで、そのために、再生医療への取り組みは必要なことだと私は考えています。そこで、私のクリニックでは、こうした再生医療による治療も行っていますが、糖尿病や認知症、アンチエイジングなど、その効果は様々です。幹細胞による再生医療では、この「免疫力」の向上も、その効果として期待されているのです。

コラム

『ツルレイシ』

南米のエクアドル南部の山間部に、世界三代長寿地域の一つとされるビルカバンバという村があります。近年では、気候が温暖な地域であることから、欧米をはじめとした外国人が多く移住していると話題になりましたが、かつては、100歳以上の高齢者がかなり多かったと言われています。

なぜ、ビルカバンバの住人が、これほどまでに健康で長寿であるのかを調査したところ、その一つに『ツルレイシ』という、日本の『ゴーヤ』によく似た植物を食べていることがわかりました。

この『ツルレイシ』は、『ゴーヤ』をさらに苦くしたようなウリ科のつる植物で、調査を行った研究チームによると、『ブルーベリー』の10倍以上の抗酸化力があり、この『ツルレイシ』をよく食べていることが、不老長寿の要因の一つであると発見されました。

私のクリニックでは『ツルレイシ』のサプリメントを使っていますが、この不老長寿の源である野菜には認知症の予防や治療、糖尿病や精神疾患、アンチエイジングに効果があることが認められています。

しかし、この再生医療では免疫力が重要なポイントとなりますが、**「免疫力」というものは心の状態に左右されてしまうため、**ただ再生医療を行うだけでは、その効果がうまく発揮できないこともあるのです。治療のためには、身体を治すことだけでなく、その心も治していくことが必要なのです。

『メディカル・ヒーリング』とは身体と心を癒す治療法

人の病気を治すためには、身体だけではなく、その心も癒していかなければならない……これが私の『メディカル・ヒーリング』の基本的な考え方です。

この『メディカル・ヒーリング』とは、スピリチュアル・ヒーリングの進化系で、根本的に病気を「治す」ということにおいては、他の対症医療などと変わりはありません。近代西洋医学は研究がなされて、日々進化していますが、決して万能な医学というわけではなく、これだけではあらゆる病気を「治す」ことができない、と私は考えています。

これは欧米諸国では、随分前から考えられていたことで、その流れが日本にもようやくやってこようとしている、それが「統合医療」と言われるものです。

近代西洋医学の対症療法では、ただ病状として現れた病気の治療を行うだけで、その根本原因を取り除き、健康な身体の状態に戻してやることはできません。身体と心の両方を癒す療法、これが『メディカル・ヒーリング』なのです。

通常、スピリチュアル・ヒーリングでは、おへそのあたりに手を当てて、そこから波動を感じ、同時に波動を調整していきます。こうした手を当てる治療は、手当て療法、または、ハンド・ヒーリングとも呼ばれていますが、近代西洋医学が発達する以前から行われていた伝統治療法で、難病や終末医療の緩和ケアとして用いられるなど、一つの治療方法としても知られているものです。一般的な治療とは異なり、対面による施術だけでなく、遠隔ヒーリングを行うことも可能であるため、例えば「遠方に住んでいるため、診察に直接行くことができない」という場合でも、その人の情報を送ってもらうことで、ヒーリングを行い、治療することもできるのです。
病気やケガを処置することを「手当てをする」と言いますが、この「手当て」の語源は、患部に手を当てて、治療を施す「手当て療法」からきていいます。

このスピリチュアル・ヒーリングにおいて、比較的1回で治癒しやすいのは、腰痛や関節痛などの痛みに関する病気です。治療にはクリニックに来院してもらうこともあれば、遠隔にて行う場合もありますが、例えば、治療に訪れる時は歩けずに車椅子を使っていた人が、治療後には自分の足で歩いて帰る人もいるほどです。ただその他の病気については、数回から10回程度の治療が必要となる場合が多いようです。

ここ数年来のコロナ禍の影響からか、私のクリニックの心療内科にも、心の病で来院される患者さんがとても増えています。私自身が、その来院者数の多さに困惑するほどですが、不眠や不安に悩まされている人や、パニックや強迫観念に苛まれる人、そして、うつ病や統合失調症、自律神経失調症などの症状を訴える人など、その内容は多岐にわたります。これらの病気を、投薬だけで対処する近代西洋医学の対症療法では、一時的に回復したように見えても再発を繰り返したり、治りづらかったりすることが多いものです。そのため、精神的なバランスを保てるよう、カウンセリングで指導していくなど心のケアを行うことで、他の病気を引き起こす確率も極めて低くなります。

ヒーリングと医療

こうした「ヒーリング」の力を持っていることに私自身が気づいたのは、私がまだ研修医時代のことでした。

子どもの頃から、夢が現実のものとなる「予知夢」を見たり、波動を感じたりすることが多くあり、それを両親に話すといつも二人は驚いていましたが、私自身はそれが当たり前のことだと思っていたため、特に何か特別な力を持っている、という自覚はなかったのです。

しかし、大学病院の循環器科で研修医をしていた頃、あることに私は気づいたのです。

患者さんを診察していると、悪いところに自然に手が動いて触診していることや、患者さんと向き合い、お話をしていると意識が患部に向いていき、そうするうちに、その患者さんの顔色がだんだんと良くなっていく、ということがよくありました。もちろん、大学で学んできた治療などを施したわけでもないのに、患者さんが元気になっていくのです。

このほか、研修医にも当直というものがありますが、循環器科というのは、心臓病など命に関わるような症状の患者さんも多いため、当直を担当していると、必ずと言っていいほど病状が急変し、慌ただしく対応を迫られることや残念ながら亡くなってしまう患者さんを看取ることも少なくありません。ところが、私が当直を担当する日は、こうした急変する患者さんもほとんどなく、たいていは穏やかで静かな夜を過ごすだけ、もちろん、患者さんを看取ることもありませんでした。

こうした体験から、私がヒーラーとしての能力が備わっていることを意識し始めるようになったのです。そして、それを決定づけたのは、私の祖母が危篤になった時のことでした。

私の祖母が危篤だという知らせを受けたのは、私がクリニックを開業して間もない頃でした。連絡を受けて、祖母が入院する病院へと駆けつけると、祖母は目を閉じて、静かに眠っているようでした。私のほかにも祖母の最期を見守ろうと、すでに家族が集まっていました。その中で、私は静かに眠っている祖母の傍らに立ち、その手をずっと握り続けていました。

どのくらいそうしていたのかはわかりませんが、やがて、祖母がゆっくりと目を開け、にっこりと微笑みながら「忙しいのに、来てくれてありがとう」と言葉を発したのです。これには、担当医もそこに集まった家族たちもとても驚いていましたが、その後、祖母は退院し、自宅療養ができるまでに回復したのです。

祖母が亡くなったのは、それからおよそ2年後のことでした。その日、私が妻とレストランで食事をしていると、どこからか祖母の声が聞こえてきたのです。「そろそろ行くからね」と言うその声を聞き、不思議に思いながら自宅に戻ったのですが、翌朝、祖母が亡くなったとの連絡を母から受けたのでした。その祖母の声を聞いたのは、亡くなった日の夜9時頃のこと。臨終の場に居合わせた家族によると、祖母が亡くなったのは夜7時で、医学的にはすでに本人が亡くなっているにもかかわらず、本人がそれに気づいておらず、その魂が身体から離れるその時に、私にメッセージを送ってきたのではないか、と私は考えています。

人は、亡くなった直後、すぐには肉体的な死を魂レベルでは理解できず、しばしば、その魂が身体に留まってしまうことが多いようです。そして、この祖母の死以降、医師の立場として、これに似たようなことを多く経験してきました。

こうした数多くの体験を通じて、私はなんとなく、自分がこれから進んでいくべき方向というものが見えてきたのです。それは、近代西洋医学の医師としてだけでなく、自分が持つヒーラーとしての力も使いながら多くの人を癒し、その病を治していきながらその魂の成長を私が助けていくことができるのではないか、と。そこに、自分の使命のようなものを感じ始めていました。

しかし、そのような私ですが、初めから医師を目指していたわけではありません。高校時代は、一応進学校と呼ばれる高校に通っていましたが、この頃は、自分が医師になるとは考えてもいませんでした。ただ、人を助ける仕事がしたい、という思いは持っていて、それで私が選んだのは、音楽への道でした。

高校時代、映画『フラッシュダンス』を観た時、音楽と映像が、こんなにも人を感動させるのかと、とても感銘を受けました。音楽、つまり、音、というものは波動。良い波動は、多くの人々に大きな影響を与えることができるものです。人が音楽に共鳴するのは、人にも生まれてきた時に持っている波動というものが、それぞれにあるためです。そのため、音楽は多くの人の波動を良くするためにも用いられることがあります。人々に良い波動を与え、それが人々の力となる、そんなミュージシャンになりたいと、当時高校生だった私は、そう考えたのです。

私自身はその時すぐに高校を辞めてアメリカに行きたかったのですが、さすがにそれは両親から反対され、「せめて高校は卒業して」と諭されました。結果として、それは正解だったのかもしれません。

高校卒業後は音楽学校へと進み、ミュージシャンを目指したのですが、どうも何かが違う。音楽は多くの人を変える力があるものの、それは個々の魂の部分にまでは届きにくいのです。大勢の人ではなく、少数の人の闇の部分を変えていくことが自分にとっての使命なのではないかと、考えるようになっていくのです。

ただ……少しだけ、本音をお話しすると、私自身、歌があまり上手ではない。いや、自分では歌がうまいと思っていたのですが、他の人にはそう思ってもらえない、というのも、ミュージシャンを諦めて、医師になるきっかけだと言えなくもなく……（笑）。また、高校時代から、精神科医であり心理学者でもあるユングやフロイトの著書を読み、その影響を受けたこともあり、医学部への進学を決めたのです。

もともと、子どもの頃から、他の人には感じないような波動を強く感じることができたこともあり、大学の医学部での6年間は、とても有意義なものでした。なかでも、病気と波動の関係を理解できたことが、私にとっては、一番良い思い出となっています。

次章では、この病気と波動について、お話ししていきます。

第二章

病気の根本原因

人には持って生まれた波動がある

音楽は波動であり、人にもそれぞれに生まれ持った波動がある……と、先ほど述べましたが、病気のことをお話しする前に、まずは、この「波動」についてお話ししていきたいと思います。

波動とは、文字通り波の動き、つまり「波」のことで、私たちは実に多くの「波」の中で生活をしています。現在の日本人のほとんどが持っていると言われている携帯電話やテレビ・ラジオなどで用いられる電波をはじめ、音や光も音波や光波という「波」です。

「波」とは、ある場所に生じた振動、つまり何かが動いたり揺れたりすることで、それが次々と周りに伝わる現象を指します。この振動が規則正しく、周期的に「波」のように繰り返されると、それぞれに決まった波長と周波数というものを持つことになります。これが、それぞれが持つ固有の

「波動」なのです。

例えば、私たちが普段、何気なく目にしている色も、この「波」が関係しています。

人が「色」として見ていると思っているものは、物体が光を受けた時の反射光で、これが人の目に届き、それを脳が情報を処理して「色」を感じているのです。色には波長があり、それぞれの波長の長さによって見える色が変わります。人の目で見える領域の光を「可視光線」と呼びますが、光の

中で最も波長の長い部分は赤く見え、短い部分は紫に見えます。この領域からさらに波長が長くなると赤外線、波長が短くなると紫外線となるわけです。

音も光と同様に、それぞれに周波数があり、周波数が低ければ音は低く、周波数が高ければ音は高くなります。

そして、こうした電波や音波などと同じように、人や生物などを含む様々な物質も、物質波という固有の周波数や波長という波動の性質を持っているのです。

周波数というのは、1秒間の間に繰り返される波の回数のことで、Hz（ヘルツ）という単位で表されます。人の固有周波数は、およそ60〜80MHz（メガヘルツ・1MHzは100万Hz）と言われていて、これは人によって異なりますが、それぞれ自分の固有周波数を持って生まれてきます。

よく、気が合う人のことを「波長が合う」、気が合わない人のことを「波長が合わない」と言いますが、これは単なる比喩表現ではなく、人は生まれながらにして固有周波数と波長のある波動を持っているため、この波長が等しい人とは「波長が合う」、つまり、気が合いやすい、そして、波長がずれている人とは「波長が合わない」、つまり気が合わないわけです。

人が良い音楽を聴いた時や素晴らしい絵画などを見た時に、激しく心を揺さぶられることがありますが、これは波動の「共鳴」によるもの。私の場合は、音楽と映像に強い感銘を受けましたが、これも私が持つ波動が、強く音楽に「共鳴」したためです。音楽は音波、つまり波ですから、この「共鳴」が起こりやすく、人に影響を与える力を持っています。もちろん、何に「共鳴」をするかは人それぞれで、これはそれぞれに異なる波動を生まれ持っているからです。

波動が下がると病気になる

このように、人にはそれぞれに生まれ持った波動というものがあり、人が病気になるのは、この生まれ持った波動と、今現在持っている波動が悪い方向へとずれ、本来持つ波動が下がっているためです。

病気の状態にある人の波動は、風邪やインフルエンザの時の周波数が57〜60MHz、一般的な病気の時の周波数が58MHz、そして、癌の時の周波数は42MHz。病気の人の波動は、健康な状態の人の周波数である60〜80MHzより低くなっており、これからも、病気の状態にある人は、周波数、つまり、波動が下がった状態になっていることがわかります。

人が病気になる主な要因というのは、人が持つ「恐怖や不安」というネガティブな感情です。物質にはそれぞれ固有の周波数というものがありますが、ネガティブな感情にも固有周波数は存在し、ネガティブな感情は平均およそ12MHz程度、その人が本来持つ波動を下げてしまうのです。『病は気から』とは、まさにその通りで、このネガティブな感情は波動を下げて病気の要因となるだけでなく、人が生きていく上で、その人生の邪魔をしてしまうのです。

キリスト教では「病気は神様から与えられたもの」とする見方もありますが、病気というのは、魂を成長させるために、その人に「気づき」を与えるもので、決して悪いものではありません。しかし、多くの人は「病気=悪いもの」と考えがちです。それは、人が持つ固定観念によるもので、この固定観念が「恐怖や不安」を煽るのです。

日本人は、昔から「勤労は美徳」であるという固定観念を持っています。そのため、働くためには健康でなければならない、病気になると働くことができなくなる、働けなくなったらお金を稼ぐことができないからダメだと思っています。

このことは、厚生労働省が行った調査にも表れています。『平成26年度厚生労働白書』によると、「幸福感を判断するのに重視した事項」では、「健康状況」が54.6％と一番多く、「家計の状況（所得・消費）」が47.2％、そして「家族関係」が46.8％と続きます。この質問は3つの答えを選んで回答するものとなっていましたが、この調査結果からも過半数以上の人が健康であることが幸福であることに密接に関連していると考えていることが窺えます。

また、同調査における「健康観を判断するに当たって重視した事項」という質問に対しては「病気がないこと」63.8％、「美味しく飲食できること」40.6％、「身体が丈夫なこと」40.3％と、上位3つの内容はどれも身体的な側面に関するものとなっています。このことから、日本人の多く

幸福感を判断するのに重視した事項（世代別）

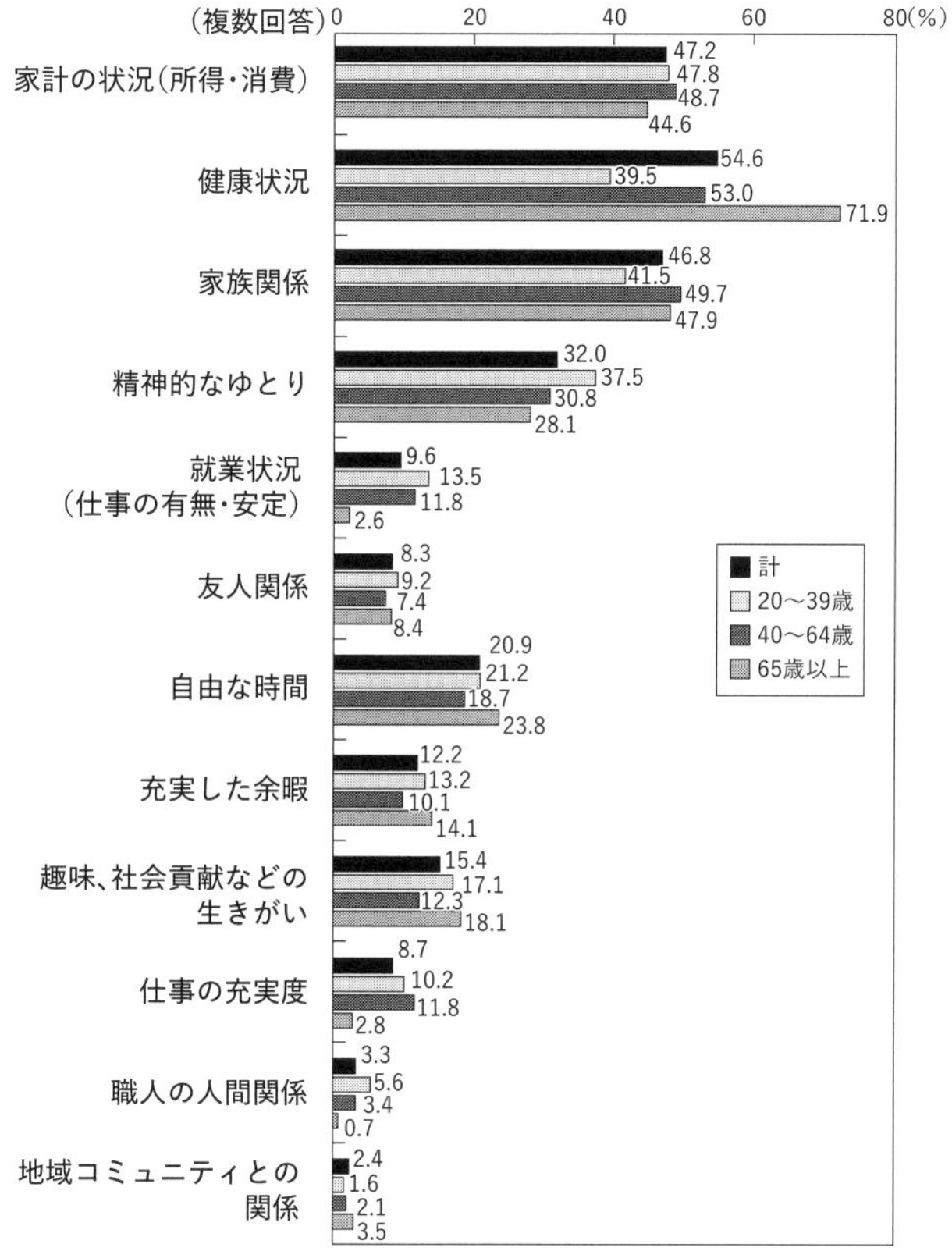

資料：厚生労働省政策統括官付政策評価官室委託「健康意識に関する調査」（2014年）

健康観を判断するに当たって重視した事項

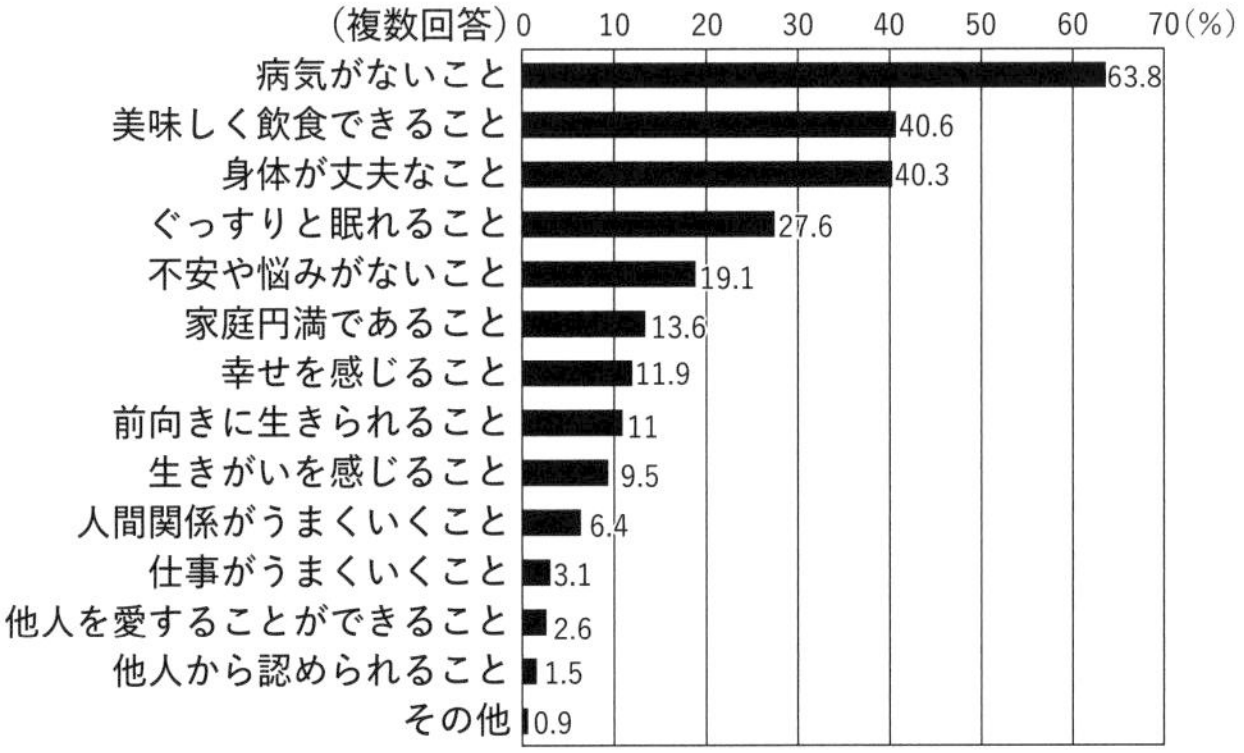

資料：厚生労働省政策統括官付政策評価官室委託「健康意識に関する調査」（2014年）

は、健康であるかどうかを判断する基準として身体的な面を重視していることがわかります。

このように、日本人は健康であることが幸福で、健康とは病気でないこと、つまり、病気になると不幸になる、と多くの人が考えているのです。これが、病気に対する不安や恐怖となり、ネガティブな感情によって、その人が持つ波動はますます下がっていくことになります。これでは、病気をさらに悪化させ、治りにくくさせるだけ。

病気になったからといって、パニックを起こし、不安になってはいけません。病気をマイナスのものとして捉えず、人に「気づき」を与えるためのひとつの導きであり、これによって新たな学びを得ることができる、とポジティブに考えることが大切です。ポジティブな感情は、人の周波数を平均10 MHz上げることができるのです。

そのために、私の使命とは人々の不安を取り除き、それぞれの人が「気づき」を得るためのサポートをしていくこと、病気を治すことより、どうして病気になったのかということを探りあて、教えていくことなのではないか、と考えます。

そのための治療法として、私が用いているものが『メディカル・ヒーリング』なのです。

病気は「思い込み」が作り出す

病気とは、人の「思い込み」が深く関係しています。思い込みや不安などのネガティブな感情は、その人が持つ波動を低くし、病気を引き起こします。そのため、この「思い込み」を取り除き、低くなってしまっている波動を上げて、病気を治していかなければなりません。近代西洋医学の対症療法では、一時は病気が治ったように見えても、病気の要因である下がってしまった波動を改善することはできませんから、再発してしまうケースが多いのです。『メディカル・ヒーリング』とは、下がってしまった波動を、その人が持つ本来の波動に戻すための治療でもあるのです。

まず『メディカル・ヒーリング』では、患者さん一人ひとりにヒアリングやリーディングを行い、病気の原因となっているものが何かを探りあて、それを教えていきます。不思議なことに、ヒーリングを行なっていると、私にはその人の生まれた時の波動と今の波動が映像として見えてくるのです。

もともと、ヒーリングとは、ストレスによる疲れや不安や恐怖といったネガティブな感情を、軽くしたり消したりする技術のことですから、実際に治療をしていくと、ヒーリングだけで症状が軽くなった、病気が治った、というケースも多くあります。私が行うヒーリングでは、通常50～60％程度の患者さんは、ヒーリングのみで症状の改善が見られます。これは、ヒーリングを行うことで、ネガティブな感情が軽くなったり、なくなったりするため、それによって、本来のものとはずれてしまった今の波動が元の状態に戻るからです。

これからもわかるように、病気はネガティブな感情によって引き起こされていることが多いのです。

このほかにも、病気になるのは、その人の性格に起因することも少なくありません。

例えば、消化器系の病気になりやすいのは、自分の考えを消化できない人が多い。何か物事を決める時に「ああでもない、こうでもない」と考えすぎ、結局、自分が決めたことを「やっぱり、あっちにすればよかった」と思ってしまう人や、家庭や職場、学校などで自分が思っていることが言えずに人の意見に流されてしまう人、人間関係において「なんかモヤモヤする」ことが多い人などが、このタイプとして挙げられます。

また、腰痛を患うのは、自分の中の怒りが多い人。いつも人に対して怒っている人もそうですが、いつもイライラしている、我慢していることが多いと感じる人は、持病として腰痛を患っている、ということも。

このほかにも、老廃物を排出する器官である腎臓が悪い人は、プライドや見栄、強いこだわりなど、自分のある部分が捨てられない、であるとか、老眼の人は、自分の老いた姿を見たくない、歳をとることに対して不安を強く持っていることが、病気の原因であると言われています。

『メディカル・ヒーリング』は、病気を治すだけではなく、その人が持っている性格や、それに起因する病気の原因に気づくためのきっかけともなるものです。こうした病気の原因を突き止め、それに気づくことだけで病気は快方に向かいます。

しかし、よほど信じる力がないと病気を治すことはできません。それは、病気とは「思い込み」に

よるものなので、これを覆すだけの強い気持ちで「病気は治るんだ」と思わないと、そのネガティブな感情を取り除くことができないからです。その人が「病気が治った自分」を何の抵抗感もなく想像できれば、高確率で病気を治すことはできますが、自分の意識や「信じる力」がないと治りにくく、無意識ではわかっていても信じることができない人は、どうしても治癒に時間がかかってしまいます。

「なぜ、自分は病気になったのか」という原因を知り、自分の「思い込み」を取り除くこと。そして、病気が治っている自分を想像することができ、自らの執着心を捨てることができれば、病気は快方に向かいます。

病気は悪いものではなく、人を成長させるもの

病気を自分にとってマイナスのものであると考えるのではなく、自分を

成長させるために必要なものだ、とポジティブに捉えると病気は治りやすくなります。ところが、問題なのは、人は病気になると、さらにネガティブな感情を持ちやすいということです。これでは、ずれてしまった波動が元に戻らないだけでなく、さらに波動を下げ、病気はますます治らなくなってしまいます。

前述のように、多くの人は固定観念から「病気は悪いもの」と思い込んでしまっています。病気になると働けなくなる、働かなければお金を稼ぐことができなくなる。お金が稼ぐことができなければ、不幸になる……そうではないのです。病気とはその人を成長させ、その魂を向上、進化させてくれるもの。その状況をどうやってリカバリーしていくのか、どうやって乗り越えていくのか、ということが試されているだけなのです。病気も、こうした試練の一つで、そこから気づきや学びを得ることができる、絶好のチャンスでもあるのです。

しかし、人は悪いことが起こると、自分の感情をコントロールできなくなり、気分も沈みがちになります。そのため、病気を治すためには、身体だけではなく心も治療していく必要があるのですが、近代西洋医学では、病気の箇所は治療できても、心や魂まで治すことはできません。

現代人は、病気は病院で治してもらうもの、と考えていますが、これは、生まれた時からそれが「当たり前だ」としてきた思い込みに過ぎません。近代西洋医学は絶対的なものであり、これ以上の医療はない、という固定観念によって、そう思わされているだけです。

近代西洋医学が日本に導入されてから、まだ100年あまり。それ以前、古代から中世にかけては、宗教者が医療の担い手でした。迷信や俗信、と言ってしまえばそれまでですが、加持・祈祷などが病気を平癒するための手法としては一般的であった時代もあるのです。つまり、医療とスピリチュアルは、古くから深い関わりがあり、これは日本に限ったことではありません。スピリチュアルな療法を用いた治療は、世界では広く認められているのです。

日本でも統合医療として、代替医療を取り入れていこうとする流れはありますが、日本の近代西洋医学は、固定観念に縛られて、世界から遅れをとっていると言わざるをえません。

例えば、糖尿病の患者に対して「カロリー制限をしてください」と指示する医師がいまだにいますが、これは間違いで、必要なのは糖質制限であって、カロリー制限ではないのです。

また、腎臓病の患者に対しては、塩分制限が必要だとされています。もちろん、過剰摂取は良くありませんが、腎臓病患者には塩分が必要で、良質な岩塩などの天然塩はミネラル分の補給にもなるため、摂取するべきなのです。

もちろん、薬にはメリットもありますが、先に述べたように、薬には作用と同時に副作用というものが存在します。そして、服用の仕方によっては、薬のメリットよりも深刻な副作用を引き起こす可能性がある、ということを知っておくべきなのです。「病院で処方されたものだから」と、毎日大量の薬を服用し続けることが、健康を損ねることにつながることもあるのです。「病院の先生の言っていることは正しい」と考えている人も多いかと思いますが、これも一つの固定観念に過ぎないのです。

『メディカル・ヒーリング』の、近代西洋医学との大きな違いは、病気の箇所への対症療法に加えて、**病気の原因をヒーリングによって探りあて、下がってしまった波動を本来のものに戻すという点です。**病気の箇所だけを治療しても、心がネガティブな状態のままでは、病気は治すことはできません。心や魂も身体と併せて治療していくことができるのは、『メディカル・ヒーリング』の最大の特徴となります。

しかも、一般的なスピリチュアル・ヒーリングとは異なり、ヒーリングによって病気の原因を究明するだけではありません。近代西洋医学の手法である血液検査などを行い、血糖値や尿酸値、肝臓の数値などを見ながら治療を行い、幹細胞を用いた再生医療などの最先端医療を取り入れているのです。近代西洋医学のメリットを活かしながら、ヒーリングによる病気の根本原因である心の問題にもアプローチし、身体と心の両方を治療していくことで、より多くの人を癒し、救っていくことができると、私は考えます。

医療のカタチというのは、時代とともに変化していかなければならないもの。そして、従来の固定観念を取り払い、最良だと思える治療を行うことで、多くの人が幸福な毎日を過ごすことができる未来がやってくるものだと、私は思っています。

第三章

病気の存在理由

病気の存在理由とは

新型コロナウイルス感染症の拡大は、私たちの生活に多大な影響を及ぼしていますが、近年の「健康志向ブーム」をさらに加速させることになりました。しかし、こうした「健康ブーム」は、健康不安がそのブームの根底にあります。

人一倍身体を気遣い、健康食を食べ、身体のケアを怠らないというのは、一見、良いことのように感じますが、そのほとんどは健康不安が引き起こしている行動であることが多く、病気に対する不安が「健康志向」というカタチになっただけのことで、それはネガティブな感情に過ぎません。

つまり、健康でなければならない、病気になると不幸になる……という健康に対する不安から、毎日サプリメントを服用したり、健康食を食べたりするのは逆効果で、こういう人ほど、高血圧や腎臓病、精神疾患など、なんらかの持病があることが多いものです。身体も心も健康な人は、案外、健康に対して普段は意識をしていない無頓着な人が多く、特に何もしていないけれど、病気になったことがない、という人も少なくありません。

それでは、なぜ、不安といったネガティブな感情を持つと、人は病気になるのでしょうか。ここで、スピリチュアルな観点から、病気、そして、その根源となる魂についてお伝えしていきます。

今、私たちは、銀河系にある太陽系の惑星の一つ、地球という星で暮らしていますが、広大な宇宙の中には、地球のほかにも生命体の住む星が多くあり、シリウス星やベガ星、リラ星といった高次元の星文明も存在します。

実は、これらの高次元の星文明の生命体には、病気というものがほとんどありません。高次元の星文明の生命体は、魂の次元が高いため、不安や恐怖といったネガティブな感情を持つことがありませんし、気づきや学びを与えるという役割を担う病気は必要がないのです。

地球にやってくる魂は、自らの魂の次元を上昇させ、それによって、地球の次元を上げるという課題がそれぞれに課せられていますが、地球人として生まれてくる時に、ほとんどはその役割を忘れてしまっているのです。

まずは、人は**「自分が誰なのか、自分が何をするために生まれてきたのか」**ということを知らなければなりません。そして、魂を成長させるために、人は数々の試練を与えられ、それが時には大きな試練となることもありますが、人は地球での多くの体験を通じて、その課題をクリアしながら気づきと学びを得て、次元上昇していかなければならないのです。

しかし、多くの人は、不安や恐怖といったネガティブな感情に囚われて、自らの波動を下げてしまっています。この波動のずれによって、人は病気になるのです。病気はこうした波動のずれを修正し、波動を高めていくための気づきをその人にもたらすためのもので、**病気はその人の魂を成長さ**

せて、次元上昇させせようとしてくれているのです。このことに気づかせ、波動を元の状態に戻して、本来の役割を果たさせるために、人は病気という試練を与えられる、というわけです。言い換えれば、ネガティブな感情を持たず、自分が果たすべき役割に早く気づいて、魂を成長させることができれば、病気になることはありません。このことを地球人すべてが知り、すべての人が次元上昇することができれば、病気になる人はいなくなる、ということです。

今の地球は、非常に強いエネルギーに囲まれているので、ほんの少しの気づきによって多くの人が目醒めることができる、奇跡的なシチュエーションにおかれています。

このことに気づかせるため、新型コロナウイルス感染症のパンデミックが引き起こされていたと言っても過言ではありません。

病気になりやすい人の特徴

ネガティブな感情が病気を引き起こすわけですが、病気になりやすい人には特徴があります。

不安や恐怖からネガティブな感情に囚われてしまうと、どうしてもマイナス思考になってしまいますが、まずはこれが良くありません。

病気というのは、その人の魂の成長を促すために気づきを与えるものですから、そのことに気づいて「病気になって、いろんなことを学んだ」と考えられればいいのですが、たいていは「また病気になったらどうしよう……」と、考えてしまうものです。ただ、この不安や恐怖心が強くなり、何度も「病気になったら……」「病気になったら……」と、繰り返し考えることで、本当に病気が再発してしまうケースは少なくありません。癌を患い、それが治っても、また再発してしまうのは、こうしたマイナス思考に陥ってしまうからかもしれません。

思考というものは、魂と同じようにエネルギーなので実体を持ちませんが、そのエネルギーが大きくなってしまうと、ある日突然、それが現実のものとなってしまうのです。こうした思考によって、人は人生を創っていくわけですが、マイナスの思考はプラス思考より強力であるため、悪いことが起きると、それがさらに不安や恐怖となり、さらにマイナス思考に……を繰り返してしまい、つまらない人生を送らなければならなくなります。これが、自分の波動を大きく下げてしまうことになるため、自分の次元も下がってきます。

コラム

考えるよりも感じること

現代はインターネットの進化に伴い、人々の情報量はとてつもなく多くなり、1日の情報量は江戸時代の1年分と言われています。それに伴い、考える量も100年前とは比べ物にならないくらい多くなっています。

この「考えること」について、もちろんすべてが悪いことではないのですが、感じる力を減らしてしまう大きな要因になっています。また不安は考えることにより生じます。不安というのはイリュージョンであり、実際に存在しないものを人間が勝手に自分で創りだしているに過ぎません。みなさんが不安というイリュージョンを感じた時は、「あなたは考えすぎだよ」という天からのメッセージと捉えてください。

そして今感じていることを味わってください。たとえそれが、ソファに座っていてその感覚を感じることでも、一日が全く違うものになることを実感してみてください。その積み重ねが毎日を感動の日々にしていくことでしょう。

また、不安や恐怖と同じように、エゴが強すぎる人も病気になりやすい傾向にあります。エゴとは、他人の迷惑を考えず、自分の利益のためだけに行動するやり方や考え方のことを指しますが、他の人より偉くなりたい、他の人よりお金持ちになりたい……こうした気持ちは強すぎなければ、それがプラスに働くこともあります。自分のために偉くなろう、お金持ちになろうと努力することは、多少、周りの人に迷惑をかけたり、批判されたりすることがあったとしても、自分の波動を上げ、次元上昇へとつなげることもできます。

しかし、エゴが強すぎると、これがマイナスに働いてしまうのです。ただ、自分自身を磨くために努力しているうちはいいのですが、他の人より偉くなりたいと人を陥れたり、自分が豊かになるために人のものを奪ったり。自分の目的のためには手段を選ばない、となってしまうと、自分の波動を下げてしまうことになるからです。

エゴによって、自分の波動を上げることができる人と下げてしまう人の大きな違いは、そのことに執着しすぎない、という点です。エゴが強すぎる人は、どうしてもお金や地位に執着しすぎるばかりにやりすぎてしまう傾向があります。しかし、波動を上げることができる人には、この執着心がないのです。

「人事を尽くして、天命を待つ」という格言がありますが、執着心がない人は、やるべきことをやってしまったら、その結果を待つだけ、つまり天命を待つのみ。この「天命を待つ」ということがとても重要で、たいていの人というものは、これがなかなかできないのです。だから、やりすぎてしまう。この「天に任せる」という行為は、人が考える以上にすごい力を発揮します。やるべきことはやって、あとは成り行きに任せる……これができる人は、次元上昇につなげていけるわけです。

また、人からよく見られたいと考え、その動機で行動する人も病気になりやすいタイプの人です。人からよく見られたい、いい人だと思われたい……というのは、他人から評価してもらうことで、自分が価値のあるものだとして安心することができますが、他人から評価されないと不安でたまらない。この人は、自分自身の評価を信じていないのです。つまり、人からどう見られているかを気にする人というのは、実は、自分を信じることができず、自分を愛していないのです。そんな自分が嫌いだと言う人もいるでしょう。すべてが「他人軸」であるがゆえ、他人の目を気にするあまり、本来の自分というものを失ってしまっているのです。

しかし、評価というのは、他人ではなく、自分の中にあるものです。そのため、自分を客観的に見るためには、まず、**人は自分のことを一番に愛し、信じなければなりません。**これができない、つまり「自分軸」ではなく「他人軸」で生きている人は、病気になりやすいのです。

病気を治すためには身体と心を創り替えることが必要

病気に対して不安を感じている人やエゴが強すぎる人、人からよく見られたいと考えて行動する人などは、ネガティブな感情に囚われて病気になりやすい傾向にありますが、こうした人にこそ『メディカル・ヒーリング』は必要なのです。

近代西洋医学では、病気の部分だけを治療するだけで、一時期は回復したように見えても、心がそのままでは再発を繰り返したり、違う病気に罹ってしまったりすることがほとんどです。身体的な部分と併せてメンタルも治療していくこと、病気にならない自分になるために心身ともに創り替えていくことが必要なのです。『メディカル・ヒーリング』とはそのための治療手法で、フィジカル（身体的・肉体的）とメンタル（精神的）な部分を併せて治していくものなのです。

『メディカル・ヒーリング』では、まずカウンセリングを行いますが、**その人の波動を感じながら進めていきます。人はそれぞれに持って生まれた波動が違いますし、その波動が今の波動とどれだけずれているのか、そして、なぜずれてしまったのかの原因を探りあて、それに合わせて治療を行っていきます。**

本来、人は自分を治す力、自然治癒力を持っています。ケガをしたり、風邪をひいたりした時に、薬を飲まなくてもいつの間にか治っている……というのは、この自然治癒力によるものです。しかし、この力がうまく働かず、病気がいつまで経っても治らないのは、不安や怒りなどのネガティブな感情に囚われてしまっていることが原因です。

『メディカル・ヒーリング』とは、人が本来持っている力を高めて、自分の力で病気を治していくことをサポートすること。病気は医師が治していくものではなく、私たち医師は、あくまでもサポートをするだけなのです。

そのためには、免疫力を上げ、自分が治す力を上げていくことが一番だと考えています。

そこで、身体への負担が少なく免疫力向上に高い効果がある、最先端医療の幹細胞を用いた再生医療による治療を取り入れているわけですが、再生医療を行うことで、免疫力が向上し、自分で治していく力を取り戻すことができるのです。

幹細胞を用いた再生医療が身体への負担が少ない治療方法だとされるのは、幹細胞自体に身体の臓器や血管、神経を構成する細胞を再生する働きがあるからです。そのため、抗がん剤を投与した時のような副作用がほとんど出ないのです。副作用が少ないために、どんな症状の患者に対しても施術ができることも、再生医療のメリットであると言えます。

また、病気の患部を切り取ってしまう手術などは、悪い箇所だけでなく、正常に機能している健康な部分までもなくしてしまうことになり、回復まで時間もかかりますし、身体への負担も大きくなります。女性に多い乳がんの場合は、乳房切除術によって、身体だけでなく、心の負担も大きくなってしまうことも少なくありません。病気を治療するために、心を傷つけてしまうことにもなりかねません。私が再生医療に着目しているのは、この治療方法は身体だけでなく、心も治療できる療法である、ということです。再生医療とは、弱ってしまった神経や脳を修復することが可能であり、それにより、不安や恐怖といったネガティブな感情に囚われやすいメンタルの部分を改善することが期待できます。このことは、その人が本来持つ力を活性化させることで下がってしまった波動を元に戻し、免疫力を向上させることができるため、再生医療とは身体と心の療法にアプローチできる治療方法なのではないか、と私は考えています。

免疫力をうまく機能させるためには、血液の状態が良いことが前提となりますが、不安や怒りといったネガティブな感情によって、血液は粘度が増したり、流れが悪くなったりすることがわかっています。人の感情や心の状態で、血液の質は左右されるのです。そのため、いくら効果が高いとされる最先端医療を施しても、ネガティブな感情を持ったままであれば免疫力がうまく機能できないわけですが、幹細胞は神経系の病気に対しても効果があるため、こうした人の感情や心の状態の改善にもその効果が期待できます。私が『メディカル・ヒーリング』においても再生医療に取り組んでいるのは、身体だけでなく、心を創り替えることができるためです。

治療をする私自身が、その人が治ることをイメージして『メディカル・ヒーリング』を行っていきますが、自分の病気に対して「完治する」ことをイメージできる人は、簡単に病気を治すことができるということです。病気になると、どうしても悪いことばかりを考えてしまいますが、ネガティブな感情のままでは病気はなかなか治りません。

だからこそ、身体と心の両方を同時に治療することは、とても重要なのです。

病気はその役割を終えれば消滅する

病気を治していくためには、病気が治っている自分をイメージすることが大切ですが、今まで不安に思っていたものを、いきなり「大丈夫。必ず治る」と信じきることはなかなかできないものです。これまで囚われていたネガティブな感情をポジティブなものへと切り替えていくことは、そう簡単にできるものではありません。

患者さんたちから「どうしたら、ネガティブからポジティブになれるのですか」という質問を受けることがありますが、まずは、これまで持っている病気に対するネガティブな感情を捨てることです。病気になると、その病気のことばかりを考え、落ち込んでしまうものですが、このネガティブな感情に囚われたままでいると、病気は治るどころか、ますます悪化していく一方です。

どこかに疾患などがあるということは、見方を変えれば、その病気の部分以外の部位は健康な状態ですから、そこにフォーカスする。「今、自分はこの部分に病気はあるけれど、その部分以外は、何も悪いところはない。健康な状態なのだ」と、考え方を切り替えてみることです。病気の箇所ばかりを考えるのではなく、健康な部分にフォーカスするのです。

そして、自分には健康な部分がある、と考えることができるようになったら、病気が治った自分、病気のない自分を、毎日イメージするのです。この良いイメージをすることはとても大切なことで、ネガティブな感情で病気のことばかりを心配していると、その「思い込み」が現実となってしまいますが、ポジティブな状態、つまり病気のない健康的な自分をいつも頭に思い描いていけば、やがて、その健康的なイメージが具現化していくのです。

ただ、意識としてはわかっていても、ふと気づけばネガティブな思考を繰り返している……という人も少なくありません。これは、頭で考えてしまうからなのです。考えれば考えるほど、悪い方向にしか考えられなくなってしまう、というのなら、考えることをやめること。そんな時、私がみなさんにおすすめしているのは、心を「無」の状態にすることです。

「無」の状態とは、思考がない状態のことで、**何も考えない時間を持つことが大切**です。病気に対しての不安やネガティブな感情に囚われてしまっている心を、一度「無」にしてリセットしてやるのです。そうすることで、無意識のパワーを得て、気持ちをポジティブなものへと変えていくことができるようになります。

それでも、考えないようにしようとすればするほど、病気のことが気になってしまう……と言うのなら、「南無阿弥陀仏」と毎日200〜300回唱えることです。**「南無阿弥陀仏」と唱えることは、心の落ち着きを取**

り戻す効果があり、ネガティブな感情に囚われてしまった心に平常心をもたらしてくれます。実際に実践した人の中には「気持ちが落ち着いて、スッキリしました」と話す人も多いので、騙されたと思って、一度試してみると良いでしょう。瞑想や座禅をすることで「無」の状態になるというのは、ある程度の訓練が必要で、誰にでもできる方法ではありませんが、ただ「南無阿弥陀仏」と唱えればいいだけですから、とても簡単にラクにできる「無」になる方法です。

コラム

「南無阿弥陀仏」

私が30歳代前半の頃、仕事が多忙であったため「どうしたら、心の中を空っぽにできるのか」と、色々とチャレンジしていたことがありました。そんな頃に出会ったのが、柳宗悦《やなぎむねよし》さんの『南無阿弥陀仏』という著書でした。

それまでは、瞑想をしたり、坐禅を組んだりしてみましたが、どちらも修練を必要とするため非常に難しく、「無」の状態を保つことがなかなかできません。

しかし、この『南無阿弥陀仏』を読み、ただ「南無阿弥陀仏」と唱えるようになってからは、ごく自然に「無」の状態になることができ、この「無」というものを、ごく身近なものとして感じられるようになったのです。また、それと同時に、様々な奇跡が私の周りで起こり始めました。

このようなことを、仏教では「摩訶不思議」と言うらしいのです。

無
南無阿
弥陀仏

ヨガや太極拳なども「無」の状態を創り出すのに効果的で、心を落ち着ける効果だけでなく、筋力や柔軟性もアップするため、健康増進にもつながります。

心が落ち着けば、やがて気持ちもポジティブなものへと変わってきます。病気を治すためには、こうした気持ちの切り替えが大切です。

ポジティブに、プラス思考で生きていけば、人は病気にはあまりなりません。実際、いつもニコニコと笑顔で、楽しく暮らしている人は、病気になりにくいと言われています。これは、笑うことでNK(ナチュラルキラー)細胞が活性化し、免疫力もアップするから。

病気を治すため、そして病気にならないためには、気持ちを明るく持ち、不安にならないこと。ポジティブな感情を持ち、プラス思考にしていくことで、人が生まれ持つ波動も上がり、次元上昇へとつなげていくことができます。

病気など、マイナスだと思える出来事は、その人の魂を進化させようとして起こっています。**病気になってしまったことは「悪いこと、不幸な出来事」ではなく、上の次元へと行くためのチャンスでもある、ということなのです。**

また、病気になると、健康のありがたさに初めて気づいた、と言う人も少なくありませんが、これまではわからなかったことに気づけたことは、魂を成長させるための第一歩でもあるのです。

人は「自分は何であるのか」「何のために生まれてきたか」ということになかなか気づくことができませんが、これを知るか知らないかでは、天と地ほどの差があります。これをわからない間は、何をやってもうまくいきませんし、空回りの人生を送ることにもなりかねません。

病気になって、はじめて「自分が何をしなければならないのか」ということに気づく人も実際に多いのです。もし、病気になったことをきっかけに「自分は何であるのか」「何のために生まれてきたか」ということがわかれば、それは病気が気づきを与えてくれたということです。ここで気づき、学びを得ることができれば、その人に気づきを与える役目である病気は、その役割を終えて消滅します。つまり、病気が治る、ということ。

このように、地球上のすべての人が「自分は何であるのか」「何のために生まれてきたか」を知ることができれば、病気というものはその存在意義をなくして、地球上から完全に消滅するはずなのです。

しかし、病気がなくならないばかりでなく、新型コロナウイルス感染症、そして、新たな伝染病などが次々に地球上で広まりを見せるのは、人がまだまだ多くの気づきを得て、学び、そして、成長していく必要がある、ということです。

第四章

人の使命とその目醒め

人が持って生まれた使命と課題を知る

病気である自分のいる世界では、その人はネガティブな感情に囚われて、本来の波動からずれてしまっている。そのことを気づかせて、学ばせるために病気になるのです。それに気づいて、魂が成長すると、次元が上昇し、病気でない自分の世界へと変わります。ここで、いつまでも気づきや学びを得ず、魂を成長させることができなければ、病気である自分のいる世界のまま、あるいは、もっと重篤な病気となって苦しむことになる自分のいる世界へと、次元を下げてしまうこともあるのです。

ここで一つ大事なことは、宇宙にはいくつものパラレルワールド（並行世界）が存在し、人は1秒間に何度も、このパラレルワールドを行き来しているのです。今、病気になっている自分がいたとすると、それは病気である自分の世界にいるだけのこと。**別のパラレルワールドには、病気でな**

い自分がいる世界も存在します。

例えば、解離性同一性障害、これは以前、多重人格障害と言われていたものですが、この症状を持っている人がいたとします。解離性同一性障害は、一人の人の中に、いくつもの全く違う人格が存在し、性格だけでなく、話し方や文字の書き方まで変わってしまうなど、人格が変わった時のことは全く覚えていないことが多いのが特徴です。これは、自分が行き来している異なるパラレルワールドにいる時の人格がそのまま現れてしまっているためです。通常であれば、別のパラレルワールドにいる時の人格は、他のパラレルワールドでは現れることなくうまく切り替えられるのですが、解離性同一性障害の場合は、その境目が曖昧になってしまっているのです。

驚くべきことは、それは人格だけでなく、身体そのものも入れ替わってしまう、という点です。もし、解離性同一性障害の人が癌になった場合、ある人格では癌細胞が身体の中にあるものの、別の人格の時には、その癌細胞が身体の中には全くない、ということが実証されています。このことは、人は異なるパラレルワールドを常に行き来し、**病気である自分がいる世界、病気でない自分がいる世界というものが同時に存在していることを意味します。**

今、自分がいる世界がすべてではなく、あくまでもただ一つの世界に過ぎず、今いる世界はイリュージョンのようなものなのです。

パラレルワールド、並行世界とはいえ、それぞれの世界は異なる次元を持っていて、次元が上昇するということは、高い次元のパラレルワールドに自分が変わるということです。このため、気づきや学びを得て、魂が成長して次元が上昇すると、自分の世界がいきなり変わることがあります。

それまでは何一つうまくいかなかった人生が、ある時を境目に、自分の思い描く通りに進んでいくようになったのなら、それは、その人が高い次元のパラレルワールドに変わった、という証拠です。

もし今、病気やお金、人間関係などで「つまらない人生だ」と感じているのなら、それは、低い次元の世界に自分がいるということ。次元の高いパラレルワールドにいくためには、まずは「自分が誰なのか」「自分が何をしなければならないのか」を知ることです。

自分自身を知るためには「無」の状態で自分と向き合うこと

自分を知るためには、自分と向き合う時間をしっかりと持つこと。ただ、何もせず「無」の意識で自分と向き合うことが大切です。

瞑想などで「無」の状態を作り出すのも一つですが、この方法は、誰にでもすぐできるというものではありません。まずは、ただボーっとしているだけでも良いのです。緑豊かな森の中で、鳥や虫の声を聞きながら木々を眺めたり、潮風を感じることができる静かな海辺で波の音に耳を傾けたり。そうした場所で一人の時間を過ごしてみると、気分もリフレッシュすることができ、自分としっかり向き合うことができます。静かな場所で一人の時間を過ごす余裕がなくて「そんなところには行けない」というのなら、部屋の中から空を見上げて、ただ雲が流れていくのをじっと見ているだけでも良いのです。

この時に、余計なことは何も考えないことです。人は考えすぎると、どうしてもネガティブな感情によって、マイナス思考に陥ってしまう傾向があります。それでは意味がありません。こうした時間を過ごす時は、できるだけ、外界との接触を少なくすることです。今はスマートフォンなどで手軽に情報を入手できるため、とても便利ですが、こうした情報と触れることで「無」の状態から遠ざかってしまうこともあります。心静かに自分と向き合うためには、こうした便利さを手放すことも必要です。

「何かしていないと、じっとしていると、余計なことを考えてしまう」と言うのなら、趣味に没頭するのも一つです。陶芸が好きなら土を捏ねて陶器を作ったり、土に触れると大地のエネルギーをもらうことができるため、家庭菜園を作って土いじりをしたりするのもおすすめです。車が好きなら、休みごとに欠かさず洗車をする、というのも良いかもしれません。

コラム

囲碁とサーフィン

囲碁とサーフィンは、私が「無」になれる最高の楽しみです。

囲碁は、よく「人生に似ている」と言われます。実際にやってみるとわかりますが、本当に人生そのもののように思います。私によく囲碁を教えてくれた弁護士の方がいるのですが、その人曰く「ここに打ったら、勝つために最も時間がかかるだろうと思われる手を打つといいよ」と。その教えは、私の毎日の生活の中で、とても役立っています。「急いては事を仕損じる」。何事も、じっくりと味わうことが大切であると、私も思います。

一方サーフィンは、私の生活のルーティンの一つでもあります。早朝の海に出て、波に乗ることも楽しいのですが、他のスポーツでは味わうことのできない、終わったあとの爽快感が口で言い表すのが難しいほど素晴らしいんです。コロナ禍の影響で、サーフィンをする人が増えていると聞きますが、こうした爽快感を味わえることが、その要因となっているのかもしれません。

サーフィンをしなくても、海に足を運んで、潮風にあたるだけでもヒーリング効果を得ることができますので、たまには海に行って、魂を浄化させてみるのも良いでしょう。また、海水には塩分が含まれていますが、この塩が心のヒーリングに重要なのです。海に行けないというのなら、入浴時にバスソルトを使うと、海に行った時と同じような効果を得ることができます。様々な種類のバスソルトがありますから、自分の好みにあったものを試してみてはいかがでしょうか。

「そんな長時間、没頭できる趣味がない」と言うのなら、頭を使わない、単純な動作を繰り返すような作業をしてみることです。例えば、部屋を丁寧に掃除するのも良いです。全部屋を雑巾掛けしてみるとか、キッチンや浴槽などの水回りの汚れを徹底的にキレイにしてみるとか。水回りの掃除の中でも、私がおすすめするのはトイレのお手入れです。トイレとは、日本では「御不浄」とも呼ばれるように邪気が溜まりやすい場所ですが、同時に身体と心を浄化するための神聖な場所でもあるため、常に掃除を心がけておきたいものです。色々と考えすぎてしまう……というのなら、まずは、トイレ掃除から始めてみるのも良いでしょう。

部屋がキレイになれば、気分もスッキリし、気持ちが明るくなるだけでなく、掃除することで波動を上げる効果が期待できます。また、人は単純な動作をしている時は、波動が良くなっていることも多く、それを続けることで、知らず知らずの間に次元が上昇している可能性もあります。

それでも「無」になることができないのなら、オンラインゲームという方法もあります。時間を忘れてゲームに夢中になれるのであれば、それはそれで「無」の意識の中で過ごすことができているはずです。

「オンラインゲームなんて良くない」「スマートフォンを使うことになるじゃないか」という人もいると思いますが、私が言いたいのは、とにかく頭を使わずに時間を過ごすということが大切なのであって、自分に合ったもの、自分が心地よいと感じることを選ぶこと。

その方法はなんでも良い、ということなのです。

「無」の状態になって、自分を見つめていけば、やがて「自分が誰なのか」「自分が何をしなければならないのか」ということがわかり始めてきます。これがわかり始めると、本当に良いことばかりが起こるようになるため、自分が変わり始めていることを自覚することができます。これは、その人が「目醒め」に近づいてきている前兆なのです。

そして、本当は、自分にとって必要とするものは、すべて、すでに持っていることに気づく時が訪れます。

人が「目醒める」ということ

人は、常に、いくつものパラレルワールドを行き来していますが、その心の中に「ハイヤーマインド」と呼ばれる高次元の心を持っています。「ハイヤーマインド」とは、Higher（さらに高い）mind（心）。「ハイヤーセルフ」とも呼ばれるもので、それは、潜在意識の中に存在し、輪廻転生の法則の中で、常に現世の自分を見つめているものです。「ハイヤーマインド」は霊的な領域の世界に存在しており、霊性を高めることを目的に様々なメッセージを自分自身に送っています。言うなれば「心の声」ともいうものです。

自分の本当の望み、思い描く未来を実現させるためには、この**「ハイヤーマインド」とつながることが大切です。**

「ハイヤーマインド」とつながることができれば、ネガティブな感情を消し去ることができ、常に前向きな気持ちを保つことができるようになります。さらに「ハイヤーマインド」とのつながりが深くなると、自分の波動を高めることができ、周囲からのネガティブな波動を寄せ付けなくなってくるため、ネガティブな感情に囚われることなく、いつもポジティブな自分でいることができるようになってきます。そして、インスピレーションが研ぎ澄まされ、危険予知力が覚醒します。そのため、危険を回避し、物事を順調に進められるのです。また、いつも身近に「ハイヤーマインド」を感じられる状態になると、周りの声に振り回されることなく、すべてが「自分軸」で捉えることができるようになってくるのも特徴です。

人というものは、どうしても周りの評価や「どう見られているか」ということが少なからず気になるものです。ところが「自分軸」で物事を捉えるようになると、こうした他人の評価は気にならなくなってきます。すべて、自分で判断し、自分で考えて行動する……。周りの評価にこだわらず、自分らしく、楽しく生きることができるのです。

しかし、この「自分軸」ではなく「他人軸」でしか生きられない人もいます。例えば、この10年間で急速に発達したネット社会によって「人にどう思われているのか気になって仕方がない」と考える人が、若い世代を中心に急増してきているのです。インターネット上のブログやSNSなどに、手軽に写真や動画などを公開できることは、自分の意見や思いを多くの人に伝えることができるため、コミュニケーション手段としては、とても便利なものです。うまく活用すれば、これまで出会えなかった人とのつながりを持てるなど、有益なものと言えますが、どれだけの人が閲覧して「いいね！」をつけてくれたのか、あるいは、検索エンジンなどで自分のことを検索する「エゴサーチ」を毎日何度も行って、人からどう見られているのかが気になって仕方がない、という人は少なくありません。他人の評価ばかりを気にして、他人からどう思われるか、ということでしか行動をすることができない「他人軸」になってしまっては、本来の自分というものから遠ざかるばかりで、「ハイヤーマインド」とつながることができないだけでなく、本来持つ波動を下げるばかりです。

「ハイヤーマインド」とつながることで「他人軸」ではなく「自分軸」で自分らしく生きること、今まで「他人軸」で物事を考えてしまっていたことも、自分の内面を見つめ、そこから自らの意思のみで物事を判断することができるようになるのです。

これが、人が「目醒める」ということです。

人は目醒めると、インスピレーションが研ぎ澄まされるため、どんどん敏感になっていきます。よく、人が目醒めてくると、周りの風景が美しく見えるようになってくると言いますが、それは、感性が研ぎ澄まされて鋭敏になってくるからです。これまでは、なんの変哲もなかった風景が、空が美しい、雲が綺麗だ、木々の緑が光り輝いてキラキラ見える……というのは、人が目醒め始めた、一つの兆候なのです。

また、人が目醒めてくると、その生活習慣も大きく変わります。例えば、これまでは夜型だった生活が朝型に変わるなど、朝早くに起きるようになることもあります。人は、太陽が昇ると活動を始め、陽が沈むと休息するようにできていますから、人本来の生き方になってくる、ということで、人のエネルギーも3℃高くなります。

「目醒める」ためには波動を高めることが必要

自分の波動が高くなっているか低いままなのかは、自分自身でわかるものなのです。人が「目醒め」て、**波動が高くなると、シンクロニシティが多くなります**。例えば「こうなったらいいな」と思ったことが、次々に実現していくのです。それは、毎日が奇跡の連続のように引き起こされます。

また、波動が高くなってくると、寝ている時によく楽しい夢を見るようになってきます。しかも夢の中では、それが夢であることがわかりながら、これを楽しんだり、そこから「ひらめき」のような情報を得ることができたりすることも多いのです。しかし、これは夢ではなく、その世界こそが本当の自分。今の次元の自分はあくまでもバーチャル（仮想）世界なのです。

人が「目醒める」ということは、自分が望むことが次々に現実化され、毎日を楽しく過ごすことができるようになることです。そのためには、自分の波動を上げていくことが必要なのです。

もし、自分の波動が下がっていると感じ、これを上げていきたい、自分も目醒めたい、と思うのであれば、一番簡単な方法は、**目醒めている人とできるだけ一緒にいることです**。目醒めている人が持つ波動は目醒めていない人よりかなり高くなっているため、その良い影響を受けることができます。波動には共鳴するという性質があるため、高い波動の影響を受けて、自分の波動を上げてもらえるのです。

目醒めている人と一緒にいると、気持ちが明るくなり、元気をもらえるような気持ちになり、ポジティブで明るい自分に変わることができます。

神社仏閣などを訪れるのも波動を高めてくれる効果があります。私は子どもの頃から、神社やお寺などが好きでよく訪れていましたが、清浄で清々しい空気に接するだけで、気持ちが晴れやかになったものです。

コラム

日本のパワースポット

私は子どもの頃から、神社仏閣を訪れることが好きで、今でも、時間がある時には「パワースポット」と言われている場所に、しばしば足を運んでいます。

その中でも、私がおすすめする「パワースポット」をピックアップしてみました。

【西日本】熊野本宮大社（和歌山県）・高野山（和歌山県）・伊勢神宮（三重県）
【東日本】武田神社（山梨県）・増上寺（東京都）・遊行寺（神奈川県）明治神宮（東京都）

西日本にある3つの場所は、私自身が毎年休暇をとって、泊まりがけで訪れるところです。たいていは、高野山にある宿坊で一泊し、翌朝の「お勤め」に参加し、その後、熊野、そして、伊勢を訪れて帰京することがほとんどです。

熊野本宮大社の近くの旧社地にある大斎原（おおゆのはら）には、浄土系仏教・時宗《じしゅう》の開祖であり、仏教を庶民にまで広めた一遍上人の碑が建立されていますが、すごいパワーがありますから、パワースポットを訪れてみたい、という人にはおすすめです。

山梨県にある武田神社は、武田信玄公をご祭神とする神社で「勝運」

に御利益がありますが、産業・経済の神としても信仰を集めているため、仕事をしている人には最適なパワースポットです。東京の芝にある増上寺は、徳川家康公ゆかりの寺で、夕方になると「南無阿弥陀仏……」という念仏が唱えられているので、参加してみると良いでしょう。

一遍上人を宗祖とする時宗の総本山である遊行寺は「『捨ててこそ』（中略）是誠に金言なり」とあるように、捨てるということを教えてもらえるところで、清らかな空気を感じることができるパワースポットです。


言わずと知れた明治神宮ですが、この大都会東京の真ん中によくぞこれほど大きな神社が残っていたなと感心させられます。

参道の曲がり角を88度にするなど風水的にも考えられた作りになっています。また、参拝の際には清正井も合わせて参拝するとよりエネルギーを充電できます。

今の日本人は「感謝」の心を忘れてしまっている

波動はすべての生物や物質が持つものですから、音楽のように人に大きく影響を及ぼすものも少なくありません。

例えば、毎日私たちが口にする食べ物も、それぞれに固有の周波数を持っています。

波動の高い食べ物を摂取すると、自分の波動を高める効果があり、逆に波動が低いと言われる食べ物は、波動を下げてしまうことがあります。レトルト食品やファストフードなどのジャンクフード、コンビニ弁当やカップラーメン、特に人工甘味料などは波動の低い食品として挙げられますが、加工食品などの周波数は０Hz。コンビニ弁当やカップラーメンばかりを毎日食べていて、なんだか身体がスッキリしない……というのは、こうした食べ物が波動を下げてしまっているからです。

波動を高める効果がある食べ物としては、太陽と大地のエネルギーを吸収して育てられた野菜や旬の食材などが挙げられます。これらの食べ物を摂取することは波動を高めるだけでなく、健康にも良いとされていますが、これも「健康志向」と同様に「波動を高めるため」「健康に良いから」と考えると、ネガティブな感情に囚われてしまいます。

また、食べ物は好き嫌いせず、なんでも食べるのが良い、と言われていますが、好き嫌いやアレルギーなどではなく、なんとなく食べたくない食材というものは誰にでもあるものです。これは、その人の周波数と食材の周波数、つまり波動があっていないためだ、と私は考えています。私は長く海外で生活をしていましたが、一時期、菜食中心のベジタリアンのような食事をメインに摂っていたことがありました。周りの人からは「健康にも良いから」と言われたのですが、なぜだか身体に力が入らないような気がして、長くは続きませんでした。食事は、個人個人合うもの合わないものがあるため、どのような食事を摂った時に身体が調子いいか、を見つけることも重要な点です。

波動を高める食べ物とされるものの中で、一番効果が高いとされるのは米ですが、その米を主食とする日本は、古来よりとても霊性の高い国であり、そこに住む日本人は高い精神性というものを持っていました。

しかし、第二次世界大戦後の高度経済成長の中で、暮らしが豊かになり、あふれるようなモノに囲まれて便利になりすぎたことで、それを当たり前に考えて、感謝する心というものをなくしてしまっているのではないか、と私は感じています。

波動を高める食べ物である米も、食生活が欧米化したこと、そして、米はカロリーが高く糖分が多いという情報によって、その消費量が年々減少しています。日本人は、こうした情報に踊らされて、不安と恐怖に煽られて……ネガティブな感情に支配されて、日本人は波動を下げてしまっているのではないか、とも私は考えています。

　これまでの長い海外での経験から私が感じるのは、日本人の生活は、本当に恵まれている、ということです。病気になっても保険があり、電話をすれば救急車が病院まで運んでくれる。経済的に困窮しても、なんとか生活していけるため、道端で倒れている人があふれている、という光景を目にすることはほとんどありません。海外では、食べるものがなく、栄養失調で命を落とす子どもが多くいる国や、戦争や紛争によって、生命の危険を常に感じながら生活しているような国がたくさんあります。本来は、日本にいることだけでも、感謝、感謝の連続なのです。

　感謝する心を忘れてしまったことも、日本人の次元を下げ、日本の霊性を下げてしまっている原因です。本来、霊性の高い日本という国は、地球の次元を上げるための牽引役となるべきなのですが、これができていない。だから、2万6千年に一度、というアセンションのチャンスに地球の次元が思うように上がっていかないのです。
今、ここで目醒めて、これからの人生における大きな財産を手に入れるのか、それとも低い次元のまま、不安や恐怖の中で、つまらない人生を送ることになるのか……今がその分岐点なのです。

ここで私が言っておきたいのは、目醒めないことが悪い、と言っているのではないということです。目醒めないことも、それぞれの人の経験であり、選択の一つなのです。ただ、現在・過去・未来という長い年月の中で、2万6千年に一度という、とても希少な時代を、今、私たちは生きています。このタイミングで目醒めることは、大きなチャンスなのです。

第五章

地球のアセンションはすでに始まっている

今、地球と人は次元上昇する大きなチャンスを迎えている

これまで話してきたように、**病気とは、決して悪いものではなく、人に気づきや学びを与えて、その魂を成長させる役割を持っています。**そのため、人が病気になった時は、成長のチャンスであり、その魂が進化して、次元が上昇できるタイミングでもあるのです。

そして、今の地球は、2万6千年に一度のアセンションのチャンスを迎えています。地球の次元が上昇しようとしているこの時期に、私たちが地球にいることは、まさに奇跡だと言えます。私がこのアセンションを感じたのは、2011年のこと。2011年と言えば、日本で東日本大震災が起きた年で、この年の秋に、私は「海外に出なさい」という声を聞いたのです。

この頃の地球では、人はただ「安全」な、人が本来進むべき方向とは全

く違う道を歩みつつありました。もちろん、人が進む道の選択は、それぞれの人の自由意志によるものです。今、目醒めて、高い次元の世界に行くのか、それとも低い次元のまま、不安や恐怖の中で、今の地球のままで味わっていたいのか……それを決めるのは、その本人の自由です。高い次元へと進むのか、あるいは、今のままで止まるのか、その分岐点が、まさに、今この時なのです。

これからの地球は、目醒めを選んだ人とそうでない人それぞれが、別々に暮らすものとなっていきます。これは、地球が2つできる、ということではありません。目醒めを選んだ人とそうでない人は、次元が上昇した人、そのままかあるいは次元が下がってしまった人に分かれてしまうため、違う次元の地球で暮らすことになるのです。パラワルワールドにある別々の地球と言っても良いかもしれません。

そのため、しばらくの間はパラレルワールドを行き来して、お互いの存在を感じながら見たり聞いたりすることはできるのですが、やがて直接的に交流する機会が減っていきます。そして、もう少し時間が経つと、全く別の世界に分かれていくわけです。

ここで目醒めを選んだ人たちは、次元が上昇した地球に暮らすことになり、不安や恐怖という幻想的な支配から解放され、自由を手にすることができるのです。

これからの200年間は「水瓶座の時代」と言われ、これまで続いてきた「土の時代」から「風の時代」に入ります。今までは、何かするためにはお金が必要で、そのお金を手にするためには一生懸命働かなければなりませんでした。

しかし、これからの「風の時代」では、一生懸命働く必要はなく、一人ひとりの想像力が重要な役割を担います。お金がない人はお金を持っている自分を、健康でありたい人は健康な自分を想像することができれば、自分が望む状態になっていくのです。

ただし、ここで重要なことは、自分が望む状態になったとしても、そのことに執着しないことです。執着とは不安や恐怖の裏返しのようなもので、これまでの「土の時代」の遺産と言えます。お金持ちになったからと言って、お金持ちの自分に執着してはいけません。

これからの時代は、みなさんが本当にしたいことをすることが、極めて重要になってきます。みなさん一人ひとりはとても大きなパワーを持ち、本来何でもできる能力を持っています。ただ、時にそのパワーを過小評価して、わざわざ自分のやりたいことを我慢している人を時折見掛けます。そうした人は、これが原因となって、色々な病気になったりしているものです。

私がみなさんに言いたいのは、自分が本当に好きなことをやってください、ということ。これからの時代は、思ったことが現実になる時代です。みなさんが本当に好きなことをしていれば、それぞれが持っているエネルギーが倍増され、それによって他の人にも良い影響を与えることができ、それが、これまでの時代の「仕事」と同じような働きとなっていくのです。

そして、みなさんの多くが目醒めを選び、その持っているエネルギーが倍増することで、人は次元上昇し、地球はアセンションへと向かっていくことができます。

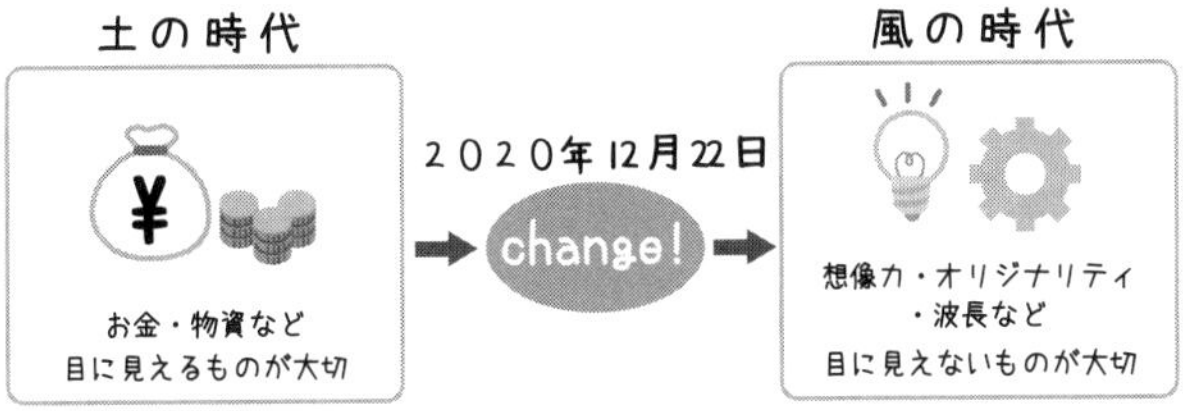
土の時代
お金・物資など
目に見えるものが大切
2020年12月22日
change!
風の時代
想像力・オリジナリティ
・波長など
目に見えないものが大切

次元上昇の「鍵」とは

せっかくのアセンションのタイミングですから、人は次元上昇した方が楽しく生きていくことができるようになると思いますし、ここで目醒めることができれば、その後の人生において、大きな財産になるはずです。

ここでいう「人生」とは、現世のことだけではありません。魂というものは、永遠に生き続け、何度も生まれ変わります。今、私たちは地球の中で身体というものを持っていますが、肉体が滅びても、魂は滅びることはありません。私たちは永遠の命というものを持っているのです。この「持っている」ということを意識することは、魂を成長させ、進化していくためには、とても大切なことです。

人が次元上昇をするためには、その魂を成長させ、進化していくことが必要です。そのために、人は、**自分自身が神様と同じように「何でも持っ**

ている」ことを知ることです。これを知るだけでも、人は波動を上げることができます。

魂が進化すると病気にならなくなるものですが、その人の魂を上げるためには、病気というものが人にとっては必要なものなのです。

この世界には、本当は不安や恐怖というものは存在しません。ただ、自分が持つエゴが勝手に「世の中は、不安や恐怖であふれている」と思い込ませているだけで、イリュージョンのような低い次元のパラレルワールドの中で、もがいているだけに過ぎないのです。今、自分が見ている世界は完全なイリュージョンで、これは、現実世界ではなく、そこにほとんどの人が気づいていません。

病気も、また、これと同じなのです。病気とは、自分の思い込みと不安や恐怖、エゴによって、自分自身で作り出しているもので、そこに気づけない人が多いのです。

また、人にはそれぞれ、持って生まれた波動があり、その波動と今の波動がずれると病気になるわけですが、生まれた時は「こういうふうに生きる」とわかっていたはずなのに、それを忘れているものです。

人が生きづらいと感じる時は、不安や恐怖、嫉妬といったネガティブな感情に囚われて、これが邪魔をして、余計なことを考えすぎてしまっているものです。その状態で頑張ろうとしても、結果として、それはもがき苦しむことにしかつながりません。本当は楽に生きていけるはずなのに、自分が拗らせてしまっているのです。

重要なことは、頑張りすぎないこと。自分の潜在意識の中にあるハイヤーマインドに任せること、その「内なる声」に耳を傾け、**成り行きに身を任せてみるのです。**人生は、なるようにしかならないのだから。

自分の人生をより良いものとするためには、まずは自分を信じること。**「自分軸」**で生きること。物事をポジティブに捉えて、明るい気持ちを持つこと。そして、何よりも自分を愛することです。それが自分の波動を高め、次元上昇へと導く「鍵」となるのです。

巻末コラム

◇認知症

少子高齢化社会と言われる日本において、認知症は年々増加している病気の一つ。２０２５年には、65歳以上の高齢者の５人に１人が認知症になるという予測がされています。

これまで、私自身、多くの認知症患者の人たちを診ていますが、この病気の場合、本人よりも、パートナーや子どもといった、身近にいる人たちが困惑し、悲しんでいることが多いものです。

従来の治療法としては、ドネペジルやガランタミンなどの脳内の神経伝達物質であるアセチルコリンを増やす薬や、メマンチンのようなグルタミン酸の働きを少し抑えて、神経細胞が興奮死するのを防ぐ薬が主に用いられています。

実際、私も、このような薬を用いることはありますが、その効果に関しては、疑心暗鬼だと感じている部分があり、副作用の面からも、第一選択として提示していないのが実状です。

現在、私たちが行なっている治療法は、抗酸化力のあるサプリメントや再生医療を主流とし、これらとヒーリングを組み合わせることで、これまで近代西洋医学では一般的とされてきた治療よりも、はるかに高い改善が見られます。

認知症患者の人たちは、本人が「病気が治った自分」をイメージすることが難しいため、外部からの治療がメインとなります。

◇統合失調症などの精神疾患

統合失調症などの精神疾患も、本人の意識がかなり混濁し、判断力が低下している場合があり、なかなか自分のイメージで治していくのが困難な病気の一つです、こうした精神疾患に関しては、従来型の治療に加え、ヒーリングと抗酸化サプリメントを用いていきます。

元来、重度の統合失調症は治療困難と言われてきましたが、多くの人が、こうした治療方法で改善されています。

◇進行癌などの治療困難とされている病気

よく質問を受ける内容の一つに、末期癌などで、他の病院では治療困難とされるケースに関するものがあります。

進行癌などで、患者本人が昏睡状態でなければ、頭の中でものを思い描くことができるため、本人が「病気でない自分」をイメージすることで病気を改善することは可能です。

ただ、こうした状態にある人の多くは、他の人には想像できないほどの不安や恐怖に心が埋め尽くされていて、心地よいイメージを持つことができなくなってしまっていることがあります。

病気を治療するためには、身体だけではなく、心を癒すことも大切です。そのためには、ヒーリングや再生医療を施すことで「本人の治す力」をサポートすることが可能です。

◇不安

不安とは、実在のカタチとして存在しているものではなく、言うなれば、一種のイリュージョン。つまり、人が勝手に創り出した想像の産物です。日々、生活をしていると、身の回りで色々なことが起こり、それは良いことだけでなく、悪いことも……本当に多くの出来事に遭遇します。良いことなら、それによって不安になる人はほとんどいませんが、悪いことが起こると、急に不安に襲われる……という人は、決して少なくないはずです。

これは「雑念」が、その原因となっています。悪いことというのは、その人に「雑念に囚われている」ということを教えてくれるために起こるものであって、実際に悪いことというのは、それ自体が「悪」というわけではないのです。

この「雑念」をなくして、人々がみんな「無」になることができれば、地球には「不安」というマイナスの波動はなくなり、それが「愛」となり、心地よい「愛」の波動へと変わります。みんなが「無」……皆無（みなむ）になることで、地球は愛に包まれるのです。

私のペンネームである「ドクターミナム」の「ミナム」とは、このことに由来しています。

◇量子波動器

私が行う『スピリチュアル・ヒーリング』においては、ヒーリングを行なって、それぞれの人の波動を見ながら、病気の診断に役立てたり、日々の生活のアドバイスなどをしたりします。

こうした波動を見るためには、ヒーラーとしての能力が必要となりますが、特別な力がなくても、人の固有振動数や波動を知ることができる面白い機器があることをご存じでしょうか？

これは「量子波動器メタトロン」と呼ばれるもので、もともと宇宙飛行士の宇宙での健康管理のためにロシア（旧ソ連）で開発され、その人が持つ波動を機械で分析することができます。波動を調べることで、現在の身体や感性の状態がわかるだけでなく、その人の身体に合わない食べ物や飲み物までわかります。

※巻末コラムでご紹介した病気や治療方法などにつきましては、クリニックにおいて対応が可能です。毎日を心地よいものとしたい……とお考えなら、一度ご相談ください。

おわりに

地球は今、アセンションの絶好のチャンスを迎えています。

このアセンションが始まった頃から、私は10年間、海外でアセンションや魂、波動を上げていくことなどについて、多くの人に伝えてきました。そして、この海外での役割を終え、アセンションの最終段階として、日本で乗り遅れてしまっている人や進化できずに立ち止まっている人の「目醒め」をお手伝いするために、２０２０年に帰国しました。

本来、日本人は波動が高く、次元の高い人が他の国よりも多いものなのですが、不安や恐怖に囚われて、エゴが暴走し、生きづらい…それが今の日本人の姿です。不安にならなければいいのですが、それが今の日本人にはできていない。不安や恐怖心が強くなり、深い闇の中にいる人が増えてしまっているのです。

この深い闇に閉じ込められた人たちから、どうすれば不安や恐怖心をなくしていけるのか。それをサポートするのが『メディカル・ヒーリング』の使命の一つです。

地球の波動が高くなってきていることに同調して、その魂を進化させていくことが、今、求められていますが、魂が進化・成長すると、今まで気づかなかったことに気づいたり、ほんの些細なことにも感動したりするようになります。そして、今世をじっくり味わうことができるようになるのです。

ただし、不安や恐怖が解消されても、また、別の課題が人には課せられます。それは「愛」。一人ひとりが完全にテレパシーでわかり合う、その勉強過程へと進んでいくことになります。今の段階は、10のうちの1か2といったところですが、アセンションが始まったことで、地球の波動エネルギーが上がっているため、地球人は次元上昇しやすくなっているはずなのです。このチャンスを逃す手はありません。今、地球にいる人は、本当に恵まれている、と、私は思います。

本書を手にしたみなさんのほとんどが、すでに目醒めを迎えている、または、今は自分自身で目醒めを感じていなくても、やがて、なんらかの形でアセンションに関わっていく人であると感じています。

そんな人々の一人ひとりが、神様と同じパワーを持ち、何でもできることに気づく日がすぐ近くまでやってきていることを感じてください。

みなさんの人生が、より素晴らしいものへと変わることを心より祈っています。

Dr. ミナム

東京医科大学卒業後、アメリカにて最先端医療を学ぶ。帰国後、レーザーや超音波等の先端医療を日本に導入し、非侵襲的技術により治療することをモットーとする。

一方、スピリチュアルヒーラーとして多くの人を助けるとともに、「波動」と「健康」の関係について説明し、よりよい気づきを人々に与えている。2011 年より 10 年間、海外にてアセンションの推進と再生医療の研究に従事、2020 年の帰国後は、医療とヒーリングを融合した治療を多くの人に提供。

海外のホテルにて、リトリートやヨガのセッションを主宰し「自分とは誰なのか？」ということを多くの人に問いかけている。

私生活では５人の子どもの父であり、多忙な生活の中でサーフィンと囲碁をすることで「無」の時間を創造し続けている。


【ご質問・ご相談】

goldenhiro1600@gmail.com

ライティング／重光泰代
装丁／石濱美希
本文デザイン／白石知美・安田浩也（システムタンク）
イラストレーション／小瀧桂加
校正協力／あきやま貴子
編　集／小田実紀・阿部由紀子

究極の医療『メディカル・ヒーリング』
現役医師が教える西洋医学×スピリチュアル

初版１刷発行 ● 2023年7月26日

著者

Dr. ミナム

発行者

小川 泰史

発行所

株式会社Clover出版
〒101-0051 東京都千代田区神田神保町3丁目27番地8 三輪ビル5階
Tel.03(6910)0605　Fax.03(6910)0606　https://cloverpub.jp

印刷所

日経印刷株式会社

ISBN978-4-86734-158-2　C0011